한 컷 한국 현대사

# 한 컷
# 한국 현대사

빛바랜 한 장의 사진이 품고 있는
속 깊은 역사, 그 순간의 이야기

표학렬 지음

인문서원

# 역사의 칼은 무섭고 역사의 길은 희망차다

영화 「명량」 마지막 부분에서 싸움에 지친 격군들이 이런 말을 주고받는다.

"나중에 후손아가들이 우리가 이렇게 개고생한 것을 알까?"
"아, 모르면 호로자석들이지."

영화 「국제시장」 마지막 장면에서는 주인공 윤덕수가 아버지 사진을 보며 이렇게 말한다.

"내 진짜 힘들었거든예."

2014년 개봉하여 1,000만 관객을 모은 영화 두 편이 공교롭게 도 모두 후손들이 기억해주기를, 인정해주기를 바라는 마음으로 마지막 장면을 장식했다. 이른바 '세대 갈등'이 전면화된 시기를 반영한 영화라 평가할 만하다.

2010년대를 관통하는 키워드는 세대 갈등이다.

"전쟁과 보릿고개 속에서 죽을 둥 살 둥 일해서 이만큼 나라
를 만들었더니 젊은 놈들이 헬조선이라고 해."
"솔직히 기성세대는 누리고 살지 않았나? 우리는 직장도 없고
미래도 없다."

청년세대와 노인세대 사이의 인식 차는 매우 크다. 2012년 18
대 대선 당시 20대는 65% 정도가 문재인 후보를 지지한 반면 60
대 이상은 70% 이상이 박근혜 후보를 찍었다. 인식 차가 정치적
갈등으로 나타나면서 한국은 기존의 지역과 학력에 이어 세대까
지 갈등 요소로 자리 잡았다. 왜 이런 일이 일어난 것일까?

앞의 영화 두 편에 나오는 대사가 해답을 제시한다. 식민 지배
와 분단으로 세계 최빈국이었던 이 나라를 오늘날 세계 상위
10% 이내 경제대국으로 일으킨 사람들이 누구인가? 바로 지금의
노인세대들이다. 하지만 노인세대들은 제대로 대접받지 못하고 있
다. 왜 그럴까? 한 노신사가 해준 말이 가슴에 와 닿았다.

"한국인은 무지몽매하다. 어리석고 게으르고 질이 안 좋다. 좋
은 지도자가 아니었다면 여기까지 오지 못했을 것이다."

우리는 모든 것을 지도자 덕으로 돌렸다. 그러다보니 현장에서
성실히 일한 사람들은 변변히 대접을 받지 못했다. 그렇다면 푸대
접 속에 우리 노인세대는 무엇을 욕망했을까?

"현실을 넘고자 하는 이들 노동자들의 욕망은 우회로를 찾게 되었고, 그것은 2세 교육에 대한 집착 등으로 표출됐다."[1]

국가와 사회로부터 받은 푸대접을 노인세대는 자식 잘 키우는 것으로 보상받으려 했다. 소 팔아 대학 보낸다는 우골탑의 전설에서 강남 8학군과 대치동 사교육의 전설이 만들어졌다. 일류대 보내 번듯한 직장 잡아 존경받고 대접받으며 자식들이 사는 것, 이 욕망이 현재 노인세대가 국가의 푸대접을 버텨온 동력이었다.[2]

이것은 민주화 시대에도 달라지지 않았다. 조희연은 노무현 정부 당시 운동권들이 정계입문하거나 5·18 유족들이 유공자로 지정되는 것을 보며 일반인들은 민주화 세력도 기득권화됨을 느꼈을 것이라고 주장했다. 그런 속에서 청년실업과 비정규직이 확대되고 그토록 소중하게 키운 자식들이 헬조선을 외쳤다. 그것은 보수와 진보를 막론하고 노인세대에게 모든 것이 무너지는 충격이었을 것이다.

"역사는 까야 제맛"이라는 사람들이 있다. 하지만 그 시대를 살아온 사람들에 대한 정당한 평가 없는 비판은 역사가 아니다. 진정한 역사는 역사를 만들어온 사람들에 대한 평가의 작업이다. 아무리 부정해도 오늘날 대한민국은 세계에서 가장 잘사는 나라 중

---

1  이광일, 「한국 사회의 노동과 민주주의」 『다시 대한민국을 묻는다』, 참여사회연구소, 2008.

2  필자가 고졸이나 중졸 자영업자 학부모와 상담할 때 이런 말을 듣고는 했다. "제가 돈은 선생님보다 두어 배 더 벌 겁니다. 하지만 자식은 돈보다 존경받는 직업을 가졌으면 해요."

하나이며 상당히 민주화된 나라이다. 우리의 희망이 독재 타도와 빈곤 탈출이 아니라 유럽식 민주주의와 복지제도임이 이를 증명한다.

이제 우리 현대사를 이야기하려 한다. 누가 만들었는지, 어떻게 만들었는지를 이야기하려 한다. 물론 비판받을 일은 비판한다. 기록은 권력자가 남기기 때문에 현대사는 비판할 부분이 좀 더 많다. 권력은 비판받을 일이 더 많기 때문이다. 하지만 그 속에서 우리가 어떻게 발전해왔는지를 중심에 두고 책을 읽어주기 바란다.

개인적으로 386세대다. 민주화에 대한 자부심과 미래 행복에 대한 희망이 가장 큰 세대이다. 하지만 386세대도 곧 노인세대가 된다. 그리고 386세대도 점차 보수화되고 있다. 2012년 당시 386세대에 해당하는 40대 중반~50대 초반 유권자의 절반 가까이가 박근혜 후보에게 투표했다. 또 많은 이들이 정권교체론에서 벗어나지 못하고 있음을 지적한다. 이번 19대 대선에서도 386세대에 해당하는 50대는 문재인 37%, 홍준표 27%, 안철수 25%로 세 후보에 골고루 표를 나누어주었으며 정의당 득표율은 한 자릿수에 머물렀다.[3]

흔히 노인세대를 탓하지만 곧 노인세대가 될 40~50대도 자기 세대의 사상과 문화에 집착한다는 점에서 반성할 지점이 많다. 30년 전의 옛 인식을 갖고 한국사를 바라본다면 지금 노인세대보다 더 젊은 세대에게 섭섭함을 갖게 될 것이다. 선진 민주사회는 투

---

3  출구조사 결과이며 실제와는 약간 차이가 있으나 큰 차이는 아닐 것으로 보인다.

표 기권의 권리가 있는데 이에 대해 비판 일색이지 않은가?

다양한 시각으로 역사를 바라보고 그 전체적 흐름을 이해하고 그 속에서 미래를 구상해야 한다. 민족은 "공통의 역사공동체"라고 정의한다. 10대와 2030세대, 4050세대, 60이상 세대 모두 역사 인식을 공유하려 할 때 진정 한 민족, 한 국민으로 함께 갈 수 있고 그 속에서 진정 갈등을 해소할 수 있다.

문재인 정부가 들어서고 적폐 청산이 화두로 제시되자 야당에서 정치 보복이라고 주장한다. 또 여소야대이므로 협치가 중요하다는 말도 나온다. 적폐 청산과 정치 보복과 협치를 하나로 묶는 정답은 무엇일까? 그것은 역사 청산이다.

20세기 한국은 일제 지배와 독재를 거쳐 민주주의가 꽃망울을 터뜨린 시대이다. 이 시대의 특징을 한 문장으로 정의하자면 전시경제와 전투적 저항의 시대라 할 수 있다. 20세기 일본은 대륙 침략과 시장의 팽창을 위해 기업과 군대가 결합한 하나의 국가 체제를 만들었는데 이것이 군국주의이다. 일본 군국주의는 그러나 무모한 대외 팽창을 시도하다 결국 패전하고 말았다.

하지만 일본 군국주의를 계승한 친일파들은 해방 이후 한국에 군국주의의 전시경제 체제를 도입하였는데, 그것이 개발독재이다. 군대와 기업과 정부의 순환 논리에 따라 이루어지는 경제는 국민들을 노동력으로 간주했고, 재화의 분배로부터는 소외시켰다. 한국은 1970년대까지 고도의 경제성장을 이룩하였지만 국민 대다수는 절대빈곤 상태에 빠져 있었다. 오로지 기업과 군대만 비대해졌다.

이에 대한 저항도 전투적이었다. 일제 지배에 대해 우리 민족은 실력 양성뿐만 아니라 무력 저항도 병행했다. 독립군과 의열단체들이 폭탄과 총으로 일제에 저항했다. 분단과 한국전쟁을 겪은 이후에도 한국 국민과 민주화 세력은 강력한 시위로 정권에 맞섰다. 4·19, 6·3, 5·18, 1987년 6월은 그 위력과 빈도가 세계에 유례없는 것이었다. 지배 체제가 전투적일수록 저항도 전투적이었던 것이다.

전시경제 체제가 1987년 6월 민주화 이후 서서히 힘을 잃어가자 전투적 저항운동도 함께 힘을 잃었다. 세계적 명성을 얻었던 전투적 학생운동은 1996년 연세대 통일축전 진압 이후 급속히 세를 잃었고 민주노총의 전투적 노동운동도 이제는 귀족노조 소리를 들을 정도로 수그러들었다. 그리고 오늘날 우리는 선거를 통한 정권 교체, 촛불집회를 통한 대통령 탄핵, 사회민주주의와 진보정치를 고민하는 선진국형 민주국가로 진입하고 있다. 1987년 이전과 이후의 사회적 갈등의 폭력성을 비교해본다면 그야말로 경천동지할 일이다.

우리가 해야 할 역사 청산은 바로 20세기의 전시경제를 바탕으로 한 폭력적 억압적 정치 체제를 청산하고 이에 대해 반성하는 일이다. 이에 이 책은 일제 강점기부터 1970년대까지를 다루었다. 역사 청산은 과거의 시시비비를 가리고 잘못된 것을 사죄하고 반성할 때 이루어지며, 그 사죄와 반성을 토대로 지금의 세력들이 서로 협력하고 미래를 향해 나아가는 것이 협치요 적폐 청산인 것이다. 그래서 예로부터 역사의 칼은 무섭고 역사의 길은 희망차다고 하였다. 이 책이 역사의 바다에 퐁당 하고 빠지는 조약돌 한 개의 값어치라도 하기를 간절히 기원한다.

2018년 1월
연희동에서

## 5부. 1961-1971

# 1부. 1910-1929

# 1. 칼을 찬 교사

제복을 통해 조선인을 지배하려 한 일제의 무단통치

始興公立普通學校第七回卒業生
大正八年三月二十五日

제복을 입고 칼을 찬 교사에게 배우는 학생들. 고등학생이었다면 오히려 반감을 샀을 것이다. 하지만 상대는 보통학교, 오늘날의 초등학교 학생들이다. 어린 마음에 제복과 칼에 대한 트라우마가 심어지면, 성장해서도 제복과 칼에 대한 공포는 사라지지 않는다. 일제는 조선인들을 '제복'을 통해 지배하려 했다. 그리고 거기에는 더 큰 야망이 있었다.

사진은 1919년 3월 25일의 시흥보통공립학교 7회 졸업식 사진이다. 앞줄의 교사들은 칼을 차고 제복을 입었으며, 뒷줄의 학생들은 한복을 입었다. 앳된 얼굴이 그대로 드러나 있다. 당시 보통학교는 4년제로, 8살에 입학하면 12살에 졸업이었다. 단지 입학 연령이 들쑥날쑥해서 졸업생들의 나이는 다양했다.

1919년(앞 사진 아래에는 다이쇼⁴ 8년이라고 표기되어 있다)은 무단통치가 끝나기 직전이다. 이 시기 일제는 조선인을 오직 노동력으로만 보았기 때문에 교육제도는 형편없었다. 보통학교는 4년뿐이었고 중고등 과정 이상은 운영하지 않았다. 그들이 원하는 교육은 세 가지. 일본어, 충성, 청결이었다. 그래서 졸업하면 바로 바로 농민이나 노동자로 부려먹기를 바랐다. 물론 관리직 이상은 일본인의 몫이었다.

따라서 우리 민족은 기존의 서당이나 사립학교에서 원하는 교육을 받을 수밖에 없었다. 특히 한일병합 이후 유생들이 실력 양성에 입각하여 개량서당을 많이 운영했다. 한학만을 가르치던 기존 서당에서 발전하여 근대적 학문과 독립의식 고취를 위해 교과 과정이 개편된 서당이었다. 하지만 개량서당이 많이 늘어나자 일제는 서당규칙을 공포하여 서당을 탄압하였다.⁵ 구한말에 만들어

---

4　다이쇼는 다이쇼 덴노(大正天皇, 1912~1926) 시기의 연호이다. 일본은 덴노들의 재위 시기에 각각 해당하는 연호를 사용해서, 메이지(1867~1912), 다이쇼, 쇼와(1926~1989), 헤이세이(1989~현재)로 이어진다. 국가 원수에 대한 호칭은 그 나라의 것을 그대로 써 주는 것이 관례이다. 따라서 일본의 왕은 '천황' 또는 '덴노'라고 쓰는 것이 관례이다. 여기서는 덴노라고 쓴다. 한자어 '황'에 대한 우리 민족의 관념을 고려했다.

5　1911년 1만 6,540개이던 서당이 1918년 2만 3,369개로 증가했다(『총독부 통계 연보』).

진 근대적 사립학교 수는 많지 않았다. 이 학교들은 갖은 탄압 속에서 민족 인재들을 양성하였지만 평범한 사람들에게는 자식을 이 학교에 보내는 것만으로도 큰 용기가 필요했다.

결국 우리 민족은 자식을 칼 찬 교사 밑에서 일제의 노예로 키우든지, 아니면 까막눈으로 키워 농사나 짓게 하든지, 둘 중 하나를 선택할 수밖에 없었다. 일제 강점기 문맹의 증가와 민족의 저항은 불가분의 관계가 있었던 것이다.

일본이 무단통치를 하게 된 데는 세 가지 이유가 있다.

1895년 청일전쟁으로 타이완을 식민지로 만든 일제는 가혹한 수탈정책을 펼쳤다. 그리고 이 경험을 토대로 우리 지배 정책을 짰다. 하지만 타이완과 우리는 입장이 달랐다. 타이완인들은 본토의 중국인과 다른 민족이라는 생각이 있었고 특히 반청 감정이 강했다. 따라서 국가의식과 민족의식이 분리되어 있었고 독립된 정체성이 부족했다. 반면 우리는 조선이라는 국가의식과 민족의식이 결합되어 있었다. 더군다나 왜구와 임진왜란으로 이어지는 역사적 반일 민족감정이 강했다. 그것은 일제도 마찬가지여서 일제는 한일병합을 "분로쿠역(文祿役, 임진왜란)의 완성"이라고 생각했다. 그러다보니 병합 과정에서 우리의 저항은 여느 식민지와 달리 강력하게 오래 진행되었다. 일제는 우리의 저항을 멈추게 하려면 먼저 기를 꺾어야 한다고 생각하고 강압적인 정책을 썼다. 그것이

---

이 증가분 이상이 개량서당일 것이다. 하지만 서당규칙 이후 서당은 수가 급감했을 뿐 아니라 간단한 초등교육기관으로 변질되고 말았다.

무단통치의 첫 번째 원인이었다.

무단통치의 두 번째 원인은 식민지의 부족이었다. 1914년 당시 영국의 식민지는 3,300만 제곱킬로미터에 인구는 4억이 넘었고, 프랑스는 1,000만 제곱킬로미터에 5,600만 명이 넘었다. 반면 일본은 조선과 타이완, 사할린 합쳐 30만 제곱킬로미터에 인구는 2,000만 남짓이었다. 영토는 곧 자원을 의미하는데, 일본은 자원에서 절대 부족인데다 인구 또한 부족했다. 영국은 식민지 인구 4억 명이 영국인 5,000만 명을 먹여 살리는데 비해 일본은 식민지의 2,000만 명이 일본인 5,000만 명을 먹여살려야 했다. 영국 식민지 사람들보다 10배 이상 더 쥐어짜야 하니 우리 민족이 죽어날 수밖에 없었다.[6]

무단통치의 세 번째 원인은 총독에 있다. 1대 총독 데라우치와 2대 총독 하세가와는 모두 군부 강경파 출신들이다. 일본은 메이지유신 이후 기업 활동을 강조하는 온건파와 군부의 대륙 진출을 강조하는 강경파로 나뉘었다. 온건파의 리더 이토 히로부미가 암살당한 이후 일본은 급속히 강경파의 힘이 강해져 한일병합을 서두르고 대륙 침략을 기도했다. 이를 앞장서서 실천한 이가 데라우치였다.

데라우치는 총독부의 재정을 튼튼히 하는 데 관심을 기울였다.

---

6   여기서 주의해야 할 것은, 폭력성과 폭압 통치는 다르다는 점이다. 우리는 흔히 고춧가루 물고문을 일본의 전매특허로 생각하지만 사실은 영국이 인도 독립운동을 탄압할 때 사용한 데서 유래한다. 식민 지배의 폭력성은 어디서나 마찬가지다. 중요한 것은 제도적, 체제적 폭력성이다.

또 조선의 군대에 대한 독자적 행동, 즉 본토 정부의 간섭을 최소화하려 노력했다.[7] 회사령 등을 제정하여 각종 산업과 관련한 활동은 모두 총독부의 허가를 받도록 했다. 이로써 조선은 군부 강경파들의 성지가 되어버렸다. 일본 최대 기업 미쓰이(三井) 등도 무단통치기에는 조선에 발붙이기 어려웠다. 데라우치와 하세가와는 군부에 협조적이지 않은 기업과 정치인은 조선에 발붙이지 못하게 했다.

이 모든 것이 버무려진 무단통치는 우리 민족의 생명과 재산을 위협했다. 직접적인 것이 토지조사사업이었다. 토지조사사업은 처음에는 데라우치의 첫 번째 목적, 즉 재정을 튼튼히 하기 위해 시행되었다. 토지 소유자들에게 지세를 걷기 위해 부자들이 은닉한 토지를 찾는 것이 1차 목적이었다. 그 전에 대한제국 역시 지계사업을 통해 시도했지만 지주들의 신고 거부로 실패하고 말았다.

데라우치는 기한부 신고제를 통해 지계를 보완하였다. 기한 내에 신고하지 않은 토지는 모두 몰수하겠다는 방침이었다. 그런데 이것이 엉뚱하게 비화되었다. 당시에는 신고할 수 없는 토지가 많았다. 대표적인 것이 국유지였다. 19세기 세도정치로 많은 농민들이 유랑했다. 유랑 농민들은 떠돌다 주인 없는 땅에 슬쩍 정착했

---

7   군부 강경파들은 정부의 군대 통제를 꺼렸다. 그래서 현지 사령관들이 제멋대로 움직였다. 1931년 만주사변도 관동군과 조선군이 정부의 승인 없이 사령관의 독자적 판단으로 일으킨 전쟁이다. 이러한 군부 우위 사상은 해방 후 친일파 군인들에 의해 한국으로 들어와 쿠데타로 비화되었다. 선진국은 문민 우위가 확실해서 국방장관은 대개 민간인을 임명한다. 하지만 한국은 오늘날에도 현역 장성 출신들이 국방장관이 된다.

는데 대개 국유지였다. 조선 정부가 황무지 개간도 할 겸 유랑 농민 사태를 막기 위해 이를 묵인한 덕에 대대로 농사지으며 수십 년 동안 생계를 이어나갔다. 이런 토지에 사는 농민들은 당연히 국가의 배려를 바랄 뿐 신고는 할 수 없었다. 총독부는 국유지를 모두 총독부 소유로 하면서 농민들을 쫓아냈다.

이런저런 이유로 많은 농민들이 토지 신고를 못하고 쫓겨났다. 마을 사람들이 동제를 지내기 위해 공동경작하던 공동 소유지 역시 개인 명의 신고가 불가능해 몰수당했다. 문중 소유지도 마찬가지였다. 신고서가 일본어여서 신고서를 작성하지 못한 사람들도 있었다. 이 모든 토지가 몰수당했다.

총독부는 몰수 토지의 관리를 식민지 회사인 동양척식주식회사(동척)에 위임했다. 동척은 이 토지를 일본인들에게 헐값에 팔았다. 오늘날로 치면 10억짜리 강남 아파트를 최저 1억 5천만 원에 넘긴 셈이다. 많은 일본의 가난한 농민과 도시 빈민들이 조선으로 건너와 은행 융자를 받아 농토를 사들여 지주가 되었다.

이 과정에서 친일파들도 날뛰었다. 이들은 글을 모르는 농민의 신고서를 대신 작성하면서, 또는 물정을 모르는 사람들에게 잘못된 정보를 제공하는 식으로 많은 토지를 약탈했다. 또 동척의 토지 분양에도 적극 참가하여 토지 소유를 늘렸다. 일제는 토지조사 사업을 통해 자기 돈은 한 푼도 쓰지 않고 식민지 통치 비용과 친일파 보상금, 일본 빈민 구제까지 오롯이 해결했다.

토지와 집을 빼앗긴 농민들은 저항하지 않을 수 없었다. 강제로 재산을 빼앗겼는데 이를 대화나 타협으로 해결할 수는 없었다. 충돌이 있었고, 잔인한 일본 군대의 학살이 있었다. 1918년 1년 동안 일본 헌병의 즉결처분이 무려 9만 6,460건이었다. 수많은 동포들이 죽거나 다쳤다.

무단통치의 본질은 '칼'이다. 교사의 칼은 한국인의 마음속에 심어주고자 한 공포정치의 한 측면이기도 하지만, 무단통치 자체가 대륙 침략을 꿈꾸는 군부 강경파들의 침략적 의도 속에 진행되었기 때문에 그 자체가 칼이었던 것이다. 따라서 3·1운동으로 인해 무단통치가 좌절된 것은 일제 내부의 정치 변화와 새로운 식민통치 지배 방식으로 나타날 수밖에 없는 것이었다. 그것이 바로 친기업적 지배 정책, '문화통치'였다.

# 2. 대한제국 황제의 일본식 장례식

망국의 황제와 그의 가족들은 어떻게 되었나

"국장 의식은 매우 장중하였으나 장례식 장은 공석이 많아 매우 적막하였다. 장례 의식은 완전히 일본식으로 치러져 예복이나 그 밖의 제한도 융통성이 없었다. …… 조선인들이 자신들의 예법과 체면을 무시당했다고 여기는 것도 무리가 아니다. 이 때문에 그들이 반감을 갖고 조문할 자격을 주었어도 장례식 장에 참석하지 않았던 것이다." (곤도 시로스케, 『대한제국 황실 비사』, 이마고, 2007.)

사진은 1919년 2월 9일 덕수궁 함녕전에서 일본식 장례 의식인 봉고제를 치르는 모습이다. 단상 위의 제관장(이토 히로쿠니)과 부제관장(조동윤)이 일본식 제례복을 입고 주관하고 있다. 사진 왼쪽 맨 앞에 콧수염 기른 자가 2대 총독인 하세가와다.

일본은 고종의 장례식을 일본식으로 치름으로써 조선 왕실을 일본 덴노 밑의 '친왕'적 존재임을 확실히 하려 했다. 이는 일부 일본인들조차 무리하다고 생각할 정도로 무모한 일이었지만 그들은 장례식 당일까지도 조선 민족의 저항을 과소평가하고 있었기에 강하게 밀어붙일 수 있었다.

고종의 장례식은 여러모로 순탄치 않았는데, 가령 장지 결정도 쉽지 않았다. 원래 고종은 금곡(오늘날 경기도 남양주군)에 능지를 마련하고 능까지 축조해두었다. 이 능은 고종이 대한제국 황제로서 자신의 위엄을 지키기 위해 설계했으므로 황제의 능으로 조성되었다. 그런데 고종이 죽자 윤덕영 등이 금곡이 아닌 청량리의 홍릉에 모시자고 주장했다. 청량리의 홍릉은 명성황후의 무덤으로, 부부간에 합장을 하자는 것이었다.

윤덕영은 순종비 순정효황후의 숙부로, 한일병합 당시 순정효황후가 옥새를 치마 속에 숨기며 저항하자 그 옥새를 빼앗아 넘겨준 이른바 '경술국적'이다. 그가 주동이 되어 청량리 홍릉을 주장하자 파란이 일었다. 이는 덴노만을 황제로 인정하는 일제 지배하에서 고종을 황제의 능에 묻는 것에 대한 친일파와 총독부의 꺼려하는 마음 때문인 것으로 보인다.

다행히 장지 문제는 2월 16일 명성황후를 금곡에 이장하는 것으로 결론이 났다. 이로써 고종은 3월 3일 명성황후와 함께 금곡의 홍릉에 묻힐 수 있었다.

그러나 그것으로 끝이 아니었다. 일제는 고종의 능을 황제의 능으로 인정하지 않았으므로 비석을 세울 수 없었다. 이에 1922년 홍릉 능참봉인 고영근이 '대한 고종태황제 홍릉 명성태황후 부좌(祔左, 합장이란 뜻)'를 새겨 비석을 세웠다. 총독부는 비석을 치우려 했지만 여론이 불리하게 돌아가자 결국 비석을 인정했다. 다만, 고영근은 책임을 지고 능참봉에서 파직당했다.

고종은 죽어서도 편히 잠들 수 없었다. 그것은 망국의 군주로서 짊어져야 할 숙명이었다. 하지만 죽을 때도 독살설에 휘말리고 장례식에 능묘 선정까지 수난을 겪더니, 그 자손들도 평안하지 못했다. 망국은 조선 왕실 전체가 짊어진 업보였다.

1907년, 아마도 그 비극적 결과를 알았다면 엄 귀비는 정반대의 행동을 했을 것이다. 하지만 을사조약에도 불구하고 아직 대한제국은 서류상 살아 있었고, 순종의 뒤를 이을 후계자는 장차 황제가 될 것이었다. 그래서 엄 귀비는 적극적으로 자신의 아들 이은을 황태자로 밀었고, 결국 고종의 살아 있는 아들 2명 중 30살의 이강을 제치고 10살의 이은이 책봉되었다.

일제 입장에서 아직 어리기만 한 이은은 요리하기 좋은 재료였다. 황태자 책봉 넉 달 만에 일본 유학을 빌미로 볼모로 잡아갔다. 영친왕 이은은 이때부터 철저하게 일본의 통제 아래 일본인으로 교육받았다. 그뿐만이 아니었다. 일제는 1918년 전격적으로 영친왕과 일본 황족 나시모토나미야 마사코(梨本宮方子, 이방자)의 결혼을 발표하였다. 마사코는 메이지 덴노의 조카딸이다.

이것은 우리에게 충격이었다. 조선의 왕과 세자는 500년 동안 단 한 번도 외국 공주와 결혼한 적이 없었다. 이는 우리의 독특한 문화로서 독립성에 대한 상징적 의미가 있었다. 결국 조선 황태자와 일본 여자와의 결혼은 조선의 독립성을 근본부터 부정하는 사건이었다. 고종은 이 결혼을 결사적으로 반대하다 결혼식 직전 죽고 말았다.

일제는 고종의 3년 상을 치르기도 전인 1920년 영친왕의 결혼을 강행했다. 이에 대한 민족의 분노와 수치심은 당시 임시정부의 「독립신문」 기사를 통해 잘 알 수 있다.

"오늘부터 영친왕에 대한 존칭을 폐하리라. 영친왕이던 이은은 부모도 나라도 없는 짐승이기 때문…… 최후의 죄를 묻겠다."

이후 영친왕은 일본 육사, 일본 육군대학을 거치는 일본 황족의 정통 엘리트 코스를 밟아 일본 육군 중장으로 태평양전쟁을 치렀다. 해방이 되고 일본이 그로부터 황족의 지위를 박탈하면서 영친왕은 조선의 황족도, 일본의 황족도 아닌 버림받은 처지가 되었다. 말년에 그는 집을 처분해야 할 정도로 어려움에 처했지만 조국은 그의 귀국을 불허했다.

고종은 한일병합 이후인 1912년 양 귀인으로부터 나이 환갑에 소중한 딸을 얻었다. 덕혜옹주였다. 망국의 폐주(廢主)로서 덕수궁에서 울분의 나날을 보내던 고종에게 실로 은총 같은 딸이었다. 총독부는 양 귀인이 궁녀 출신으로 출신이 미천해서 그 소생인 덕혜를 옹주로 인정할 수 없다고 했지만 고종은 끝내 그녀를 옹주로 책봉했다. 말년의 고종은 옹주로 인해 조금이라도 웃을 수 있었다.

하지만 1919년 옹주 겨우 7살 때 고종이 죽으면서 덕수궁의 웃음도, 옹주의 웃음도 사라졌다. 더군다나 고종 독살설은 어린 옹주에게 큰 충격을 주었다. 하늘같은 부왕의 갑작스러운 죽음은 옹주에게 독살의 심증을 굳히게 했을 것이다. 일본측 주장에 의하면 고종은 그날 저녁식사를 잘 하고 궁녀와 즐겁게 이야기를 하다 식혜를 마시고 잠시 후 뇌일혈을 일으켜 1시간 후 중태에 빠졌고 결국 새벽에 죽었다. 이런 갑작스러운 죽음은 제3자라도 독살을 떠올리지 않을 수 없을 것이다.

고종이라는 그늘이 사라지자 덕혜옹주도 영친왕과 마찬가지로 일제에게 시달리기 시작했다. 일제는 일본식 학교에 보내 기모노를 입히고 일본 교육을 받게 했다. 그리고 1925년 그녀가 13살이 되자 일본 유학을 핑계로 도쿄로 끌고 갔다. 예민한 사춘기에 감수성 풍부한 여학생이 일본으로 끌려갔으니 정신적으로 심상하였다. 영친왕비 마사코는 "웃음은 하나도 없고 말도 하지 않았다."고 했고, 학습원 동기 소마는 "독살당할 지 모른다며 보온병에 가져온 물만 먹었다."고 증언했다. 독살에 대한 공포가 그녀를 지배하는 듯했다.

결정타는 어머니의 죽음이었다. 1929년 5월 양 귀인이 47살 젊은 나이에 유방암으로 죽었다. 옹주는 장례를 치르러 귀국했지만 제대로 복상하지도 못하고 장례식이 끝나자마자 바로 일본으로 돌아갔다. 17살의 나이에 감당하기 어려운 슬픔이었으리라. 이때부터 정신줄을 놓고 말았다. 결국 1930년 정신병 진단을 받고 치료가 시작되었지만 진척이 없었고, 오히려 일제는 일본 귀족과 강제로 결혼시켰다. 이후 정신병은 악화될 뿐 전혀 치유되지 않았다. 해방 이후 그녀는 이혼당하고 정신병원에 감금당한 채 귀국하지 못했다.

고종의 아들로서 성인으로 병합을 맞은 의친왕 이강은 어땠을까? 그는 30살에 10살의 어린 동생 영친왕에게 황태자 자리를 빼앗겼기 때문에 한일병합과 함께 바로 친왕에서 공으로 격하당했다. 고종이 대한제국 시절 나라를 지키려 노력하는 것을 곁에서 지켜본 의친왕은 병약한 순종과 달리 건강하고 혈기왕성해서 일제에 고분고분하지 않았다. 3·1운동이 일어나자 독립청원서에 황실 대표로 이름을 올리기도 했다.

1919년 11월 임시정부에서 밀사를 보내 상하이 망명을 제안하자 즉각 따라나섰다. 그는 경찰의 추적을 따돌리기 위해 몇몇 비밀 지점을 거친 후 수색에서 기차를 타고 한중 국경도시 단둥(安東)으로 향했다. 수염을 붙이고 중절모를 깊숙이 눌러쓴 뒤 위조 신분증으로 검문을 통과, 무사히 단둥역에 도착했다. 하지만 의친왕이 사라지자 일본은 즉각 단둥에 연락해서 역 주변을 삼엄하게 경비하고 있었다. 결국 역 주변에서 의친왕의 얼굴을 아는 일본 경찰에 발각되어 압송당하고 말았다. 그러나 일제가 사건의 파장을 우려해 의친왕 유괴 사건으로 포장했기에 의친왕은 처벌받지 않았다.

의친왕은 굴복하지 않았다. 그는 일본의 끈질긴 요구에도 일본으로 가지 않았고 창씨개명도 하지 않았다. 병합 이전에 결혼했으므로 일본 여자와 결혼할 일도 없었다. 일제의 철저한 감시 속에 광인처럼 술 마시고 돌아다니며 울분을 풀었다. 그는 조선에서 해방을 맞이했다.

해방 이후 영친왕의 귀국에 대해 동정 여론이 많았지만 이승만 정부는 허용하지 않았다. 영친왕의 귀국은 그가 반신불수 상태에 빠져서야 비로소 허용됐다. 이승만이 왕을 꿈꾸었기 때문이라는 비판도 많지만, 민주주의를 경험하지 못한 국민에게 왕조에 대한 향수는 강력했다.

더군다나 영친왕은 어릴 때부터 일본인으로 세뇌당했고 일본에서 살았기 때문에 한국의 실정은 전혀 모르는, 그저 「아리랑」을 부를 줄 아는 반 일본 반 조선인이었다. 그가 돌아왔다면 초기 대한민국 정부는 이념 대립에 왕조 부활파와 공화파 사이의 싸움으로 대혼란에 빠졌을 것이다. 그가 원한 것은 아니겠지만, 규정당한 그의 삶이 맞이할 어쩔 수 없는 숙명이었다. 덕혜옹주 역시 돌이킬 수 없는 정신병이 확인된 후 귀국했다. 의친왕은 해방 이후 정치 참여에 대한 적극적 의사를 보이지 않았다. 그는 망국에 대한 책임감과 독립운동을 제대로 하지 못했다는 자책감 속에 조용히 살다 1955년 병사했다.

우리 민족은 우리 민족의 방식으로 고종의 죽음과 일제 지배에 대처했다. 일본식으로 치러진 장례식에는 거의 조문하지 않는 대신, 200만 명 이상이 참가한 3·1운동으로 고종의 장례를 성대히 치렀다. 더 이상 조선 왕실이 독립에 대한 지도적 역할을 하지 못하자 대한민국 임시정부를 세워 공화정을 선포하고 수백만 명이 줄기차게 싸웠다. 고종의 장례도 우리 식으로 치르고, 황실이 없어도 새로운 민주적 지도부와 함께 독립운동을 했던 것이다. 그리고 오늘, 우리는 민주와 경제가 번영하는 대한민국을 건설하였다. 우리에게 황실에 대한 부채의식은 없다.

영친왕이나 의친왕의 특수한 사정을 인정해줘야 하지 않을까? 그들은 대한제국의 황족으로 엄청난 영향력을 갖고 있었다. 당연히 일제의 감시와 압박은 상상조차 할 수 없을 정도로 강력했다. 그들에게는 삶과 죽음의 선택을 제외하고는 어떠한 선택의 여지도 존재하지 않았을 것이다. 그러니 독립운동을 하지 않았다고 비판하는 것은 너무 가혹하지 않은가?

그런데 여기서 낯익은 논리 하나를 만나게 된다. 바로 이광수 등이 말했던 "강압에 의해 어쩔 수 없이 친일했다." "일제가 결코 패망하지 않을 것이라 생각했다. 불가항력이었다."는 논리이다. 일제 강점기 유명 인사들은 1930년대 이후 똑같이 죽느냐 사느냐 이외에는 어떤 선택도 주어지지 않았다. 그들의 친일을 비판해야 한다면, 조선 황실의 행동도 같은 기준으로 비판받아야 할 것이다. 오히려, 그들이 이 나라 최고 지배층이라는 점에서 더 높은 책임을 추궁받아야 할 것이다. 나라의 지배층은, 일반 국민에 비해 더 낮은 책임을 지는 특권층이 아니라 더 높은 책임을 지는 지도자이기 때문이다.

# 3. 꼬마 독립투사의 초롱한 눈망울

인성학교 졸업식, 그리고 그들의 정해진 운명

**초롱초롱한** 아이들의 눈망울과 그들을 바라보는 애처로운 교사들의 눈빛, 너무나도 아름답고 천진한 아이들이지만, 그들은 망국의 국민이었고 독립투사로 살아갈 운명의 짐을 지고 있었다.

1925년 3월 상하이 공동조계 곤명로(昆明路) 재복리(載福里) 75호에 있는 인성학교에서 졸업식이 열렸다. 40여 명의 학생들과 5명 내외의 교사들이 흐뭇한 표정으로 쌀쌀한 날씨에도 불구하고 함께 졸업기념 사진을 찍었다. 오른쪽 끝에 서 있는 남자 교사는 아마도 최중호 선생일 것이고, 맨 뒷줄 오른쪽에 콧수염을 기른 남자가 교장 여운형이다.

인성학교는 임시정부 수립 이후 민단 소속 교육기관으로서 임시정부의 교육 방침인 최신 교육, 의무교육을 실현하는 장이었다. 1926년 프랑스 조계지 백래니몽마랑로(白來尼蒙馬浪路) 협성리(協盛里) 1호로 옮겼고 교장도 최중호 선생으로 바뀌었다. 재정난 속에서도 상하이 교민들의 모금으로 어렵게 운영했지만 1935년 일제의 압력으로 프랑스 조계 당국의 심한 간섭 속에 결국 문을 닫았다.

최중호 선생은 김구와 함께 독립운동을 하다 1911년 이른바 '105인 사건'으로 투옥되었다. 105인 사건은 일제가 신민회를 중심으로 한 국내 독립운동 조직을 파괴하기 위해 총독 암살 사건을 조작한 뒤 주요 활동가들을 투옥한 사건이다. 이 사건으로 최중호는 모진 고문을 당하고 3년간 감옥살이를 했다. 출옥 직후 독립투쟁을 전개하다 또 체포되어 징역 13년을 받고 복역하다가 1917년 탈옥하여 상하이로 망명하였다. 고문 후유증으로 건강이 좋지 않았지만 임시정부에서 일하며 인성학교에서 교편을 잡았던 것이다.

"선생님들은 다 무보수였어. 선생님들도 배가 고팠을 텐데 열성껏 가르쳤어."

최중호 선생의 딸이자 임시정부 2대 대통령 박은식 선생의 며느리인 최윤신도 인성학교를 나왔다. 그녀는 인성학교 시절을 회고하며 아버지를 비롯한 교사들의 헌신에 대한 회고의 글을 남겼다. 물론 학생들도 힘들기는 매한가지였다.

"밥 굶는 게 보통이었고 배고파서 눈물을 질질 짜며 학교에 갔지. 고생한 것밖에 기억나지 않아."

그녀의 학교 선배이자 여운형의 아들 여봉구는 학교 졸업 후 전염병으로 죽었다. 영양 부족으로 면역력이 약해서 전염병이 돌면 쉽게 죽었다.

하지만 더욱 가슴 아픈 것은 학생들의 미래였다. 최윤신의 오빠이자 학교 선배 최윤상은 졸업 이후 사회주의 계열의 독립군에서 활동했다. 1941년 중국 공산당 팔로군에서 일본과 싸웠다. 용케 살아남아 해방 이후 옌벤 조선족 자치구 설립의 주역 중 하나가 되었지만 그의 청춘은 화약과 피비린내로 얼룩졌다. 또 이효상은 폭탄 의거를 계획하다 사형당했다. 그들은 독립운동을 할 수밖에 없는 환경에서 자랐고, 그렇게 되라는 교육을 받았으며, 그래서 투쟁하다 죽거나 죽을 고비를 수없이 넘겨야 했다. 인성학교 출신들이 만든 상하이한인소년척후대는 그래서 이름만큼이나 슬프다.

물론 모든 졸업생들이 독립투사가 된 것도 아니고, 강요받은 것은 더더욱 아니다. 옥인찬 같은 성악가, 한태동 같은 신학자, 송성찬 같은 교육가도 있었다. 하지만 그들이 독립 조국 아래 개인의 미래와 행복을 중시하는 서양식 교육을 받았다면 어떠했을까?

옌벤 조선족. 오늘날 우리는 그들의 어눌한 한국어를 개그 소재로 삼기도 하고, '조선족'이라 해서 한민족과 다른 존재인 양 부르기도 한다. 더군다나 오늘날 한국에 들어와 생활하고 있는 조선족은 대부분 가사도우미, 식당 주방일, 소규모 공장 노동자 등으로 일하며 빈곤층을 형성하고 있다. 하지만 그들이 모두 독립투사의 후손이라는 중요한 사실은 망각하고 있다. 2017년 광복절 경축사에서 문재인 대통령이 "독립운동가들을 더 이상 잊혀진 영웅으로 남겨두지 말아야 한다", "독립운동을 하면 3대가 망한다는 말이 사라져야 한다."라고 말했을 때 그들을 떠올린 사람들이 얼마나 될까?

한일병합과 함께 많은 이들이 중국으로 망명했다. 특히 1907년 조직된 신민회는 독립을 위한 독립전쟁을 위해 조직적으로 만주와 연해주에 신한촌을 건설하고 독립군 기지를 건설하였다. 이때 독립투사를 양성하기 위해 세워진 학교들이 삼원보의 신흥무관학교, 간도의 명동학교, 연해주의 한민학교 등이었다.

신흥무관학교는 독립군의 사관학교인 만큼 청년들이 주로 모여들었다. 김원봉은 21살, 권준은 24살, 변영태는 27살, 모두 창창한 청년들이었다. 의기로운 청소년들도 가담했다. 님 웨일즈의 『아리랑』 주인공으로 유명한 김산은 15살의 어린 나이에 신흥무관학교에 들어갔다. 신흥무관학교는 독립운동을 위해 일부러 들어가는 학교였는데, 2년제 또는 4년제로 운영하였으며 만주의 소년들도 많이 가담하였다.

김학규 장군은 만주에서 살다 10대 중반의 나이에 신흥강습소(신흥무관학교의 전신)에 들어갔다. 학교생활은 만만치 않았다. 교과는 중국어, 수학, 한국사부터 독도법, 총검술까지 빡빡하고 다양했으며 특히 군사훈련은 혹독했다. 그럴 수밖에 없는 것이 독립군 사관 생도들의 상대는 일본 육사 생도들이었던 것이다. 덴노의 배려로 충분한 지원을 받으며 독일 교관들에게 선진 군사기술을 배우는 일본 육사 생도들을 따라잡으려면 그들보다 두 배, 세 배 더 열심히 노력하지 않으면 안 되었다.

하지만 그들은 배가 고팠다. 식량이 항상 부족해서 직접 농사지어 수확한 농작물로 배를 채웠다. 원병상의 수기 한 대목이다.

"썩은 좁쌀밥 한 숟가락에 콩기름에 절인 콩장 두어 개를 넣으면 그만이었다. 그나마 우리는 배부르게 먹지 못했다."

그렇게 어렵게 단련된 학생들은 졸업하면 각 독립군의 지휘관으로 임관했다. 청산리전투에 장교로 참전한 졸업생들은 오상세, 강화린(강근호), 김훈, 이운강, 백종열, 이붕해, 이민화 등으로, 이들은 일본이 자랑하는 최정예 37여단, 19·20사단 병력을 7일간의 격전 끝에 격파했다. 병력과 화력에서 절대 열세였던 독립군이 승리할 수 있었던 데는 이런 장교들의 우수한 능력이 큰 역할을 했으며, 이는 결국 일본 육사에 대한 신흥무관학교의 승리였다.

청산리대첩 이후에도 신흥무관학교 졸업생들은 각지에서 활약하였다. 김학규는 1930년대에는 양세봉의 조선혁명군에서, 1940년대는 광복군 3지대장으로 활약했다. 해방 후에도 김구의 한국독립당(한독당) 조직부장 등을 역임하는 등 한시도 나라 위한 일을 멈추지 않았다. 김원봉은 의열단을 만들었고 권준은 광복군 5지대장, 문창숙은 참의부 중대장 등을 지냈다. 물론 그 유명한 이회영등 경주 이씨 집안 6형제의 아들들도 신흥무관학교를 나와 독립투쟁에 목숨을 바쳤다.

명동학교는 윤동주가 다닌 명동소학교와 혼동되기도 하지만 엄밀히 말하면 다른 학교다. 간도의 대표적 민족교육기관으로 한일병합 전후해서 한민족이 가장 많이 이주한 곳이 간도였기 때문에 특히 중요했다. 이 학교에서 윤동주의 아버지 윤영석 등 많은 뜻있는 이들이 교사로서 아이들을 가르쳤다.

명동학교의 힘은 3·1운동 때 북간도의 3·1만세 시위로 나타났다. 일제는 시위대를 무자비하게 학살했는데, 특히 3월 13일 일본의 총격으로 순국한 14인을 기리는 3·13반일의사릉은 최근 간도를 방문하는 한국인들의 주요 방문지이다. 순국지사들 중 채창현, 공덕흡은 명동학교 학생들로 구성된 충렬대 대장과 기수였다. 인성학교 소년척후대처럼 명동학교에서도 어린 학생들이 조직을 만들어 투쟁에 앞장섰던 것이다.

당연히 명동학교는 일제에게 눈엣가시였다. 일제는 독립운동의 소굴이 명동학교라며 1920년 학교를 불태우고 교장을 구속시킨 데 이어 1925년 끝내는 폐교시켰다. 하지만 북간도의 민족교육은 은진중학, 덕흥중학 등 많은 학교로 계속 이어졌다. 불행히도 신흥무관학교처럼 해방 이후 대한민국에서 활동한 주요 인사들이 드문 탓인지 졸업생들 각 개인의 구체적 활동과 그들의 학교 시절 일화는 많이 전하지 않는다.

21세기 발달된 세상에서도 외신은 소년병들에 대한 기사를 타전하고 있다. 세뇌돼서, 또는 정의감으로, 또는 원수를 갚기 위해 총을 든 소년 병사들은 현대 문명의 비극적 이면이다. 인터넷의

인성학교 출신 소년척후대 사진에는 '멋있다', '자랑스럽다' 등의
댓글들이 달려 있지만, 필자는 아버지로서 가슴 아프다. 그들의
아버지가 느꼈을 죄책감과 슬픔이 자랑스러움보다 먼저 느껴지는
것은 그저 늙은 탓일까? 망국은 그들이 인간으로서 누려야 할 최
소한의 행복의 기회마저 앗아버렸다.

# 4. 식민지 소년들, 목 놓아 독립을 외치다

6·10만세운동과 광주학생운동

1920년대에 '학생'들은 귀한 존재였고 집안도 좋은 편이었다. 하지만 식민지 현실은 이들이 자신을 둘러싼 안락한 환경에 머무를 수 없게 했다. '왜 만세 시위를 했는가'라는 재판관의 질문에 이병립은 "삼척동자도 다 아는 사실을 물을 필요가 있소?"라고 대답했다(『동아일보』 1926년 11월 3일자 2면. 서 있는 이가 이병립이다).

사진은 1926년 11월 2일 있었던 6·10만세운동 1차 공판 사진이다. 피고 학생 11명은 5개월 이상 구치소와 서대문 형무소 미결 감방에 있어 안색이 창백하고 건강이 나빠 보였다. 피고들은 용수를 쓰고 수갑을 찬 채 입장하였으며 이들을 보기 위해 많은 사람들이 "구름처럼" 몰려들었다. 재판에서 주모자 이병립(연희전문 2학년)은 "OOOO을 믿는가?"라는 질문에 "믿습니다."라고 대답했다. OOOO은 '조선 독립'이었다.

3·1운동의 책임을 지고 물러난 강경파 하세가와를 대신하여 해군대장 출신인 온건파 사이토가 새 총독으로 부임하였다. 그는 회사령을 폐지하는 등 일본 기업의 조선 진출을 보장하는 친기업적 정책을 펴는 한편 일본인이 직접 통치하는 방식이 아닌 친일파 조선인을 통한 간접통치 방식을 추진하였다. 이를 문화통치라 하는데, 친일파 양성을 조선의 문화민족으로의 양성으로 선전하였기 때문이다.

친기업적 시장친화적 식민통치는 정치 경제 사회 문화면에서 변화를 불러일으켰다. 규제 완화를 위해 총독부의 권력이 약화되어 정치적으로는 유화정책이 펼쳐졌다. 경제적으로는 자본 투자와 시장 확대가 이루어져 고용이 늘고 투기가 극성을 부렸다. 사회적으로 빈부 격차와 여성 진출, 노동 유연화에 따른 고용 불안과 노사분규가 일어나고, 문화적으로 소비문화가 발전하면서 대중문화가 형성되었다.

교육도 변할 수밖에 없었다. 4년제 보통교육이 6년제로 늘어났고 학교 설립이 늘어났으며 기존 중고전문학교의 수업 연한을 늘려 실질적 교육이 가능하도록 했다. 또 대학 설립도 가능케 하여 고급 인재 양성도 가능해졌다. 게다가 조선어와 조선사가 필수로 지정되었다. 겉으로 보기에는 민족교육을 허용한 듯 보인다. 하지만 실제로는 조선인들을 학교로 유인하여 친일파로 개조함으로써 이이제이(以夷制夷), 즉 조선인으로 조선인을 통치할 친일파를 양성하기 위한 것이었다.

이를 잘 보여주는 것이 취학자의 민족별 차이이다. 등록금이 비싸고 총독부의 지원이 없어서 평범한 조선인은 입학이 어려웠다. 이 때문에 늘어난 학교는 일본인들 차지였다. 조선에 거주하는 인구 1만 명 당 학생 수를 비교해보면 보통학교는 조선인 학생 1명당 일본인 6명, 남자 중학생은 35명, 여자 중학생은 337명, 전문학교는 63명이나 되었다.

조선인의 학교생활은 평탄치 않았다. 일본에 충성하고 일본인처럼 키우는 교육이기 때문에 민족 정체성이나 자존감과 부딪힐 수밖에 없었다.

> "의정부에서 교사 생활을 시작했는데 안성의 작은 소학교로 좌천됐어요. 일본어로는 표현이 안 되는 조선어가 있다고 했어요. 일본어에는 해당하는 말이 없는 거죠. 일본인들은 그런 얘기 듣는 것을 좋아하지 않았어요. …… 이번에는 섬마을 학교로 좌천됐어요. 원래 3년 예정이었는데…… 6년을 지냈어요."(최길성)

> "6학년 때 서울로 가서 특별한(일본 귀족 자제들이 주로 다니는) 학교에 다녔어요. 일본인 교사들이 내가 조선인이라는 점을 의

식하도록 했던 기억은 없어요. 그들과 나를 동일시하도록……
나는 우리나라에 대해 아는 게 거의 없었다니까요."(박C, 익명)[8]

민족 갈등은 학교 현장에서 민족적 자각과 함께 점차 충돌로
비화되었다. 학생들은 독서회를 조직하고 민족의식으로 무장한 교
사들의 가르침 속에 점차 독립투사로 자라났다. 초기 충돌은 무능
하고 민족감정을 자극하는 일본인 교사들이 대상이었다.

"매산 여교(전남 순천) 맹휴, 구보라는 일본인 교사가 교수시간
에 학과를 가르치는 데에는 아무 성력이 없고 부인여학생에
게 대하야 낮은 말을 많이 사용하는 까닭이라더라."(「동아일보」
1925년 9월 10일자)

심지어 "일본인은 원래 발음이 불량하여 그 발음대로 배워가지
고서는 도저히 세상에 나가서 활용할 수 없으니 다른 조선 사람
으로 영어 교사를 변경하여달라."며 보성교 학생들이 수업을 거부
하기도 했다.(「조선일보」 1920년 5월 12일자)
이러한 갈등은 점차 학생들을 자각하게 하고 조직하게 만들었
다. 사회주의 서적 등을 연구하는 사회과학 동아리들이 우후죽순
처럼 생겨났는데, 이들은 동맹휴업을 주동하는 한편 조직적 연대
를 모색하여 마침내 1924년 조선사회과학학생연구회를 건설하였

---

8   힐디 강 엮음, 『검은 우산 아래에서』, 김진옥·정선태 옮김, 산처럼, 2011.

다. 이 단체는 연희전문 이병립, 경성제대 이천진, 중앙고보 이선호 등이 중심이었다. 6·10만세운동은 이들의 작품이었다.

1979년 10·26 이후 학내 집회만 하던 학생운동권들이 1980년 5월 거리로 나오면서 서울의 봄이 시작된 것처럼, 교내에서 동맹 휴업으로 일본식 교육과의 싸움에 몰두하던 학생들이 1926년 6월 10일 순종의 인산일에 거리로 나오면서 학생운동은 새로운 역사의 무대로 나서게 되었다.

시위는 조선사회과학학생연구회 학생들을 중심으로 순종 인산 행렬을 따라 조직적으로 전개되었다. 당시 신문 보도에 따라 추적해보면, 오전 8시 40분 관수교(종로3가 부근) 인근에서 학생 수십 명이 조선독립 격문 수만 장을 뿌리며 일본 경찰과 충돌했다. 기마 경찰의 말이 날뛰는 속에 행렬과 군중과 학생들이 뒤엉켰고 격문이 영친왕과 의친왕이 탄 마차에까지 날아갔다. 이곳에서 학생 30여 명이 체포되었다.

9시에는 창덕궁 돈화문 인근에서 중앙고보 학생들을 중심으로 시위가 벌어졌다. 학생과 경찰의 충돌로 50여 명이 연행되었다. 9시 20분에는 을지로에서 시위가 벌어졌다. 학생들의 선창에 시민이 합세하자 일본 군경이 발포하였고, 이에 수많은 이들이 가까운 사범학교로 도망치면서 학교 담이 무너지고 인근 상점들도 파괴되었다. 오후 1시에는 동대문에 이어 남대문에서 시위가 벌어졌다. 특히 동대문에서는 양복 입은 청년의 선창에 따라 군중이 호응하면서 "처참한 광경이 연출"되었다. 3시에는 동묘 앞에서 시위가 벌어졌다. 이날 연행된 학생들은 총 150여 명이었으며 이 중

106명을 엄중 취조하였고 이 중 주동자급 11명이 11월 2일 1차 공판을 받은 것이다. 이들은 모두 징역형을 선고받고 학교에서 쫓겨났다.

이날의 사건으로 학생운동은 학내 민족차별에 대한 항의투쟁에서 독립운동으로 전환되었다. 자신의 지위와 역할을 자각한 학생들은 학내 비밀결사를 강화하고 학교간, 지역간 연대조직을 건설했다. 전국이 독립과 민족차별에 항의하는 학생들로 몸살을 앓았다. 그리고 마침내 1929년, 3·1운동 이후 최대항일투쟁인 광주학생운동이 일어났다.

6·10만세운동의 영향으로 1926년 11월 3일 광주에도 학생운동단체인 성진회(醒進會)가 조직되었다. 몇 차례의 조직 개편을 통해 점차 영향력을 확대하였는데 1928년 동맹휴업 투쟁에서 그 위력을 발휘하였다. 즉 1928년 6월 5학년 광주고등 이경채가 불온문서 소지로 경찰에 구속된 후 퇴학당한 것을 계기로 그동안의 차별교육 시정과 자치권, 이경채 문제 해결 등을 내걸고 동맹휴업을 단행하였다. 이 투쟁은 무려 넉 달 동안 지속되면서 구속 16명, 퇴학 40명, 무기정학 300여 명의 대량 징계 처분이 내려질 정도로 격렬했다. 비슷한 시기 광주농업에서 일본인 교사 모리오카에 대한 항의로 동맹휴업을 펼쳐 수십 명이 징계당하는 격렬한 투쟁이 일어났다. 이 모든 것이 1929년 광주와 조선 전체로 향하고 있었던 것이다.

1929년 10월 30일 광주고등 박준채는 광주중학 후쿠다 등이 통학열차에서 광주여자고등 박기옥 등을 희롱하는 것을 보고 광주역에서 후쿠다를 따라 내렸다.

"학생이 무슨 짓이냐?"

박준채의 항의에 후쿠다는 이렇게 대답했다.

"조센징!"

일본인 학교인 광주중학과 조선인 학교인 광주고등은 광주의 양대 학교로 라이벌 의식도 강했고 민족감정도 훨씬 강했다. 둘의 싸움은 곧 패싸움으로 번졌는데 일본인 경찰이 박준채의 따귀를 때리면서 일방적으로 조선인 학생들을 몰아붙여 사건이 흐지부지 되었다.

10월 31일 통학열차에서 일본인 학생들이 박준채를 위협하며 다시 충돌이 일어났는데 일본인 기자와 일본인 승객들이 일방적으로 조선인 학생들을 매도하였다. 11월 1일 양교 학생들의 감정이 격앙되자 양교 교사들이 광주역까지 나와 충돌을 막으려 했지만 오히려 기세등등해진 일본인 학생들이 조선인 학생들에게 시비를 걸면서 사태는 더욱 악화되었다. 역 앞에서 양교 학생들이 전선을 형성하여 대치하였고, 광주중학 일본인 교사들이 앞장서서 조선인 학생에게 보복하려 하자 광주고등 일본인 교사들이 겨우 뜯어말렸다.

11월 3일 메이지 덴노의 생일인 메이지절을 맞아 각종 행사로 광주가 인파로 붐비는 속에서 성진회의 총궐기 지시로 조선인 학생들이 거리로 나왔다. 그런데 「광주일보」의 왜곡 보도를 항의하는 투쟁 중 일본인 학생이 휘두른 칼에 조선인 학생이 다치는 불상사가 일어났다. 양교의 기숙사 학생 수백 명이 모두 뛰쳐나와 대규모 싸움으로 번지자 교사들이 뜯어 말렸고, 이후 조선인 학생들은 사건의 공정한 처리와 민족차별 철폐 등을 요구하는 시위를 벌였다. 이날 시위로 조선인 학생 70여 명이 구속되었지만 일본인 학생은 단 1명도 구속되지 않았다.

광주 학생들은 11월 12일 광주 시민들과 일제 지배에 반대하는 대규모 시위를 벌였다. "궐기하라. 우리의 슬로건을 지지하라. 조선인 본위의 교육제도를 확립하자." 등의 구호를 외치며 수차례 일본 군경과 충돌하였다. 광주에서는 이듬해 1월까지 수차례의 결사적 투쟁으로 400명 가까운 학생들이 퇴학당하고 학생과 시민 100명 이상이 구속되었다.

일본이 사태 확산을 막으려 보도통제를 해서 언론은 보도하지 않고 민족은 이 사건을 알지 못했다. 하지만 학생운동 조직과 민족운동 연합단체 신간회가 있었다. 목포상업 최창호 등이 광주로 올라와 성진회 간부 장재성에게 광주 상황을 듣고 급히 돌아가 목포 시위를 조직했다. 기자이자 나주 신간회 간부인 김형호 등이 광주 소식을 듣고 나주농업 학생들과 시위에 나섰다.

서울도 마찬가지였다. 신간회 중앙은 11월 4일 광주 지회의 보고를 받고 소식을 두루 알리려 노력했다. 조선학생회는 이한성을, 조선사회과학학생연구회는 박일을 광주로 보내 진상 파악에 나섰다. 이러한 노력을 바탕으로 서울에서도 시위가 준비되었다. 특히 12월 5일부터 14일까지 경신, 중동, 동성, 숙명, 진명, 휘문, 선린 등 수많은 학교들이 격렬한 투쟁을 일으켰다.

일본 경찰은 강경 진압에 나섰다. 12월 7일 경신, 보성 양교생

1,100여 명이 종로5가와 4가로 진출하자 일본 경찰이 포위한 뒤 학생들을 연행하기 시작했다. 해산이 아닌 체포 위주의 강경 진압이었고, 무려 950여 명이 연행되었다. 하지만 탈출한 경신, 보성 100여 명의 학생들은 곧 중앙, 숙명, 휘문 학생들과 연합하여 다시 시위대를 형성하였다. 학생들의 투쟁 의지는 경찰의 진압 의지보다 훨씬 높았다.

다급해진 당국은 12월 13일 서울 지역 학교들에 조기방학을 실시했다. 하지만 1월 초 개학하자마자 다시 시위가 시작되었다. 1월에 구속된 서울 학생만 500명이 넘었다. 특히 1월 시위는 여학생들이 중심이 되어 당시 발전한 남녀평등 의식과 여성해방운동을 엿볼 수 있다. 전국적으로 5만 4,000여 명의 학생이 참가한 광주학생운동은 582명 퇴학, 피검 1,462명, 무기정학 2,330명 등의 탄압을 받았다.

1920년대 3대 민족운동인 3·1운동, 6·10만세운동, 광주학생운동의 선두에는 학생들이 있었다. 그들 중에는 독립투사의 자식도, 친일파의 자식도, 금수저도 흙수저도 있었지만 그 누구도 식민지 현실로부터 자유로울 수 없었다. "삼척동자도 다 아는 사실을 물을 필요가 있소?"라는 이병립의 대답과 법정에서의 의연하고 패기만만한 모습은 조국 없는 식민지 청년의 실존 그 자체였다.

# 5. 돌아오지 못한 독립군 대장

봉오동전투에 빛나는 홍범도 장군의 파란만장한 삶

**산천초목도** 벌벌 떨게 했던 독립군 호랑이 대장 홍범도. 그도 세월의 무게를 이기지 못한 것일까? 하지만 깊게 패인 주름과 초점 없는 눈은 민족에 대한 걱정과 배신한 동지에 대한 슬픔 때문이었다.

사진은 중앙아시아로 강제 이주당한 후 말년을 보내던 70대 어느 날의 홍범도로 추정된다. 얼굴에서 보이는 세월의 흔적은 우리 의병과 독립군으로 이어지는 무장투쟁의 고난의 역사 그 자체였다.

머슴의 아들로 태어나 조실부모하고 9살 때부터 머슴으로 살아
가던 홍범도에게 군인은 매력 있는 탈출구였을지 모른다. 15살 때
나이를 속이고 평양 진위대에 입대했다. 맡은 보직은 나팔수. 하
지만 3년을 나팔을 불고는 뛰쳐나와 버렸다. 그로부터 몇 년은
'화려한' 방황이었다. 머슴도 하고 중도 되고 애인 뺏겨서 복수하
겠다고 미친 듯이 떠돌아다니며 청춘을 보냈다. 그러던 어느 날
강원도에서 사냥꾼들을 만나 산으로 들어갔다. 몇 년이 지나 호랑
이를 잡으러 다닐 정도로 담력 있고 활동력 우수한 사냥꾼으로
성장했다.

　산속에서 산포수와 짐승들과 어울리며 살던 그가 속세로 돌아
온 계기는 동학농민운동과 을미사변이었다. 명성황후의 복수를 하
겠다며 의병을 규합하고 호랑이 사냥하듯 일본군을 공격하여 무
기를 확보했다. 그러나 유인석 부대와 함께 일본군과 벌인 첫 전
투는 참패였다. 한 번 싸움에 부대가 궤멸되자 혼자 산속으로 들
어가 지나가는 일본군을 때려눕히거나 무기를 탈취하는 등의 활
동을 했다. 혼자이건 함께이건 아직 그는 산포수였고 호랑이나 일
본군이나 별반 다르지 않았다. 이 무렵 예전 승려 생활 때 만난
옥녀와 결혼하고 아들도 둘을 두었다.

1905년 을사조약 체결로 의병이 일어나자 그도 함경도 지역 의병 대장이 되었다. 그의 나이는 중년이었고 따르는 포수들이 많았다. 일제는 포수들이 의병이 될 것을 저어하여 그들의 총에 각종 규제를 가하였는데 이것이 오히려 산포수들을 의병으로 만들었다. 홍범도의 산포수 의병부대는 1,000여 명에 육박하는 대부대로 성장하였다. 아무리 일본군이 강하고 무기가 좋다 해도 하루에 몇백 리를 이동하는 호랑이를 잡으러 산을 타던 산포수들을 당해낼 수 없었다.

1907년 고종이 강제로 퇴위당하고 군대가 해산되자 해산 군인 중심으로 정미의병이 일어났다. 의병이 1만 명을 넘어서자 13도 연합부대를 만들어 서울 탈환에 나섰다. 이때 홍범도도 부대를 이끌고 서울로 향했다. 하지만 의병부대를 이끄는 지휘관들은 대부분 양반이었고 이들은 평민 의병장을 인정하지 않았다. 쌍놈 주제에 양반들 자리에 낄 수 없었다. 보수적 양반들은 의병을 하면서도 쌍놈과의 동석을 꺼렸고, 개화한 지식인들은 무력투쟁 자체를 꺼렸다. 신분제를 부르짖는 양반과 평화를 주장하는 지식인 사이에 홍범도가 있을 곳은 없었다. 그는 다시 함경도 산속에서 일본군과 유격전을 벌였다.

일본에게 함경도 의병은 골칫거리였고 그 원흉은 홍범도였다. 현상금을 걸고 토벌대를 조직하는 한편 홍범도 귀순 공작을 했다. 옥녀가 먼저 끌려가 홍범도를 귀순시키라는 협박을 받았다. 그녀가 협조를 거부하자 모진 고문을 가해 끝내 죽이고 말았다. 이어 큰아들 용범에게 귀순 청원서를 들려 홍범도에게 보냈다. 홍범도는 격노해 아들에게 총을 쏘았는데 옆의 참모가 홍범도의 권총을 치는 바람에 총알이 용범의 귀밑을 스치고 나갔다. 용범은 벌벌 떨며 두 번 다시 일본의 앞잡이를 하지 않겠다고 맹세했다. 그 뒤 용범은 용맹하게 일본과 싸우다 전사하고 말았다. 둘째 아들 역시 누명을 쓰고 고문을 받다 병으로 죽고 말았다.

1908년 홍범도는 마흔이 되었다. 평상시라면 가장으로 아내와 자식의 존경을 받으며 사회의 중견으로 활약할 나이지만 지금 그는 혼자였고 죽어가는 나라와 동지들뿐이었다. 그는 난국을 타개하기 위해 연해주로 건너갔다. 이후 10년 동안 연해주와 만주, 국내를 드나들며 돈을 벌고 무기를 구해가며 일본군과 싸웠다. 사람들은 "날으는 홍범도 장군", "비장(飛將) 홍범도"라고 불렀다.

날으는 홍범도가

홍대장이 가는 길에는 일월이 명랑한데
왜적군대 가는 길에는 비가 내린다
홍범도 장군님은 동산리에서
왜적 수사대 열한 놈 몰살시켰소

1919년 3·1운동이 일어나자 만주의 독립군도 국내진공작전을 전개, 국경을 넘어 일본군을 공격했다. 가장 강력한 타격을 가하는 부대는 홍범도 부대였고, 일본군은 그를 잡으려고 혈안이 되었다. 마침내 추격대를 편성하여 국경 넘어 만주로 추격했지만 오히려 봉오동 골짜기에서 홍범도 부대에게 전멸당하고 말았다.

일본군은 복수의 일념으로 훈춘 사건[9]을 일으켜 대규모 병력으로 독립군 토벌에 나섰다. 만주의 독립군 부대들은 연합하여 청산리에서 맞서 싸우기로 했는데 이때 핵심 부대가 홍범도 부대와 김좌진 부대였다. 당시 홍범도와 김좌진은 러시아혁명으로 추방당한 체코 여단이 연해주에 도착한 것을 알고, 있는 돈을 모두 모아 이들로부터 기관총 등 많은 무기를 사들여 화력을 확보했다.[10]

1920년 10월 21일 청산리전투가 시작되었다. 김좌진 부대가 천수평과 백운평에서 일본군과 맞서 싸웠고 홍범도 부대가 완루구에서 일본과 싸웠다. 어랑촌에서 김좌진 부대가 일본군에 포위되자 홍범도 부대가 일본군의 배후를 공격하여 최대의 전과를 올렸다. 이것이 1920년대 독립군 최대 승전 청산리 대첩이다.

청산리 패전으로 일본군은 간도 참변을 일으키며 더욱 압박을 가하였다. 독립군은 일단 안전한 러시아령 자유시로 피신하였다. 연해주는 러시아혁명을 지지하는 적군, 반대하는 백군과 일본군 연합군의 전쟁이 벌어지고 있었다. 독립군은 적군과 함께 일본군과 싸우며 전열을 가다듬었다.

하지만 곧 시련이 닥쳤다. 자유시에 집결한 독립군 부대 내부에

---

9  일본군의 만주 주둔을 만주 군벌 장쭤린이 허용하지 않자 일본이 일으킨 자작극. 일본에게 매수된 중국 마적단이 훈춘의 일본 영사관을 습격하고 일본인 및 조선인을 학살하였다. 이를 구실로 일본은 간도의 일본인을 보호한다며 대규모 병력을 파견하였다. 그러나 이때 학살당한 많은 이들은 오히려 우리 동포들이었다.

10  이 때문에 체코에는 요강, 비녀 같은 자잘한 조선의 일상용품들이 많이 남아 있다고 한다.

서, 특히 그중에서도 사회주의 계열의 부대들 사이에 군 지휘권을 둘러싸고 내부 갈등이 일어났다. 갈등의 원인에 대해서는 여러 가지 주장이 있지만 중요한 것은 이 갈등이 적군까지 포함한 내전으로 비화되었다는 것이다. 이런 와중에 많은 독립군 부대들이 죽거나 무장해제당한 채 추방당했고 연해주 독립운동 진영은 초토화되었다. 엄격한 중립을 지킨 홍범도 부대만 무사했다.

결국 나이 쉰이 넘은 노장 홍범도가 수습에 나섰다. 연해주는 1910년대 독립군 핵심 지역으로 만주보다 더 중시되어서, 고종의 밀명을 받았다며 헤이그 밀사 이상설이 1914년 최초의 임시정부인 대한광복군 정부를 조직한 곳이다. 이 지역을 포기하면 만주의 독립운동은 반신불수가 되는 것이다. 그래서 홍범도는 레닌을 만나 조선독립운동 후원을 부탁하는가 하면 자신도 고려공산당에 가입하여 사회주의 체제의 연해주에서 민족을 위해 헌신하였다. 자유시 참변 이후 연해주의 독립운동에 대한 기록은 소략하지만 중소 국경지대의 독립군 활동이 활발했던 것을 보면 배후의 든든한 후원이 있었음을 미루어 짐작할 수 있다.

홍범도의 마지막 시련은 만 70살 생일을 앞둔 1937년에 일어났다. 사회주의의 대의를 잃고 소련이 스탈린 독재로 타락해갈 무렵, 전쟁 쇠약증에 시달리던 스탈린이 일본 침략에 대비해 연해주의 일본 국적자들, 즉 조선인을 중앙아시아로 강제 이주시키라는 명령을 내렸다. 추운 시베리아의 겨울, 영하 20~30도로 떨어지는 혹한 속에 아무런 난방 장치도 없는 화물칸에 짐짝처럼 조선인들이 실렸다. 고려공산당원들이 항의했지만 반동분자로 숙청당할 뿐이었다. 레닌에게 권총을 선물받은 홍범도도 목숨 부지한 것을 다행으로 여길 정도로 핍박당했다. 20년 동안 적군과 함께 사회주의 혁명을 위해 투쟁한 '동지' 조선 사회주의자들도 스탈린 체제 하에서는 민족주의에 물든 반동분자로 여겨졌다.

연해주에서 카자흐스탄까지 6,500킬로미터, 지금도 기차로 133시간이 걸리는 기나긴 길이다.[11] 추위와 굶주림 속에 얼어 죽은 사람들을 묻어가며 도착한 카자흐스탄 황량한 초원에는 아무것도 없었다. 밤에는 늑대가 출몰해서 아기를 물어가는 사나운 땅 위에 조선인들은 집을 짓고 밭을 일구고 공장을 지었다. 홍범도도 70의 노구를 이끌고 함께 일했다. 일본과 싸울 때는 같은 민족도 다른 민족도 모두 동지였지만 당파의 이익과 민족의 이익 앞에서는 아군과 적군이 따로 없었다. 고려극장 수위 등으로 일하며 어렵게 정착한 조선인들-카레이스키들을 지켜보던 그도 세월을 이기지 못하고 결국 그 땅에 묻혔다.

애국지사의 노래

양자강 깊은 물에 낚시 드리고
독립의 시절 낚던 애국지사들
한숨과 피눈물로 물들인 타향

---

11  2017년 여름 고려인 강제이주 80주년 회상열차 행사가 열렸다. 연해주 블라디보스토크에서 최초 고려인 정착지인 카자흐스탄 우슈토베 바슈토베 마을까지의 여정 답사였다.(「시사인」 519호, "고향이 두 개니 얼마나 좋아요")

　　말년에 그가 수위로 근무하는 고려극장에서 연극 「홍범도」를 공연하였다. 태장춘이라는 극작가가 홍범도가 쓴 일지를 바탕으로 만든 연극이었다. 연극을 보고는 홍범도는 껄껄 웃으며 이렇게 말했단다.

　　"나를 너무 추네, 추어(추어주네)."

　　머슴으로, 산포수로, 의병으로, 독립군으로 한평생을 민족을 위해 싸운 노혁명가는 정작 자신에 대한 이야기에 쑥스럽기도 고맙기도 했으리라. 그의 무덤은 아직 카자흐스탄에 있다. 공산당에 가입한 빨갱이라며 대한민국이 유해 송환을 거부했다고 한다. 추어주지는 못할망정 기억하고 평가라도 해줘야 하는 것 아닐까?

# 2부. 1930-1945

# 1. '모던 보이'의 함박웃음

이봉창 의사의 마지막 기념사진

죽음을 눈앞에 둔 의사는 두려웠을까? 비분강개했을까? 좋은 일 하러 가니 웃자며 태연한 척했을까? 아니다. 의사는 생과 사를 초월하여 마지막을 소중히 보내고 있었다.

한인애국단 이봉창 의사가 임무를 위해 임시정부를 떠나기 직전 찍은 기념사진이다. 폭탄을 들고 찍은 사진도 유명하지만 멋지게 옷을 빼입고 활짝 웃는 모습 속에 서른한 살 청년의 기백과 여유가 느껴지지 않는가? 죽으러 가는 것이 아니라 중요한 일을 맡았다는 기쁨과 설렘이 더 느껴지지 않는가?

1925년부터 1931년은 임시정부에게 암흑 같은 시간이었다. 주요 조직망이 일제 공작으로 파괴되고 내부 분열로 다수가 이탈한 속에서 임시정부는 독립운동의 파벌 같은 존재로 전락했다. 소수의 교민 사회와 활동가들이 임시정부에서 활동하다보니 단결도 어려웠다. "몇 십 명만 임시정부에 새로 참여해도 다수파와 소수파가 바뀔 정도"의 고립은 정부라는 위상에 걸맞은 지도력을 기대할 수 없게 만들었다. 임정의 어려움은 독립운동의 확고한 지도부를 원하는 독립운동가들을 안타깝게 했다.

　한편 일본은 욱일승천의 기세였다. 1926년 쇼와 덴노 즉위 이후 군국주의 체제가 기틀을 잡으며 군사력이 강화되었다. 약간의 갈등이 있었지만 미일동맹도 굳건했다. 마침내 1931년 9월 만주사변을 일으켜 반 년 만에 만주 전역을 점령하였다. 국제 사회의 규탄이 있었지만 국제연맹 탈퇴 이후 별다른 제재도 받지 않았다. 중국은 국민당과 공산당의 내전으로 일본에 저항할 힘이 없었고, 더군다나 중국 국민당 정부 주석 장제스는 친일파였다.

　독립운동의 위축과 일본의 상승세는 민족에 패배주의의 그늘을 드리웠다. 마치 하와이가 영원히 미국의 영토가 된 것처럼, 우리도 그렇게 되는 것이 아닐까? 그렇게 되는 것이 앞으로 전개될 역사의 흐름 아닐까?

  "우리 임시정부에서는 운동이 매우 침체한즉, 군사 공작을 못
  한다면 테러 공작이라도 하는 것이 절대 필요하게 되었다."

  김구는 『백범일지』에서 당시 상황을 이렇게 술회했다. 패배주의
의 짙은 그늘을 조금이라도 걷어내려면 임시정부의 과감한 작전
을 통해 임정의 존재감 과시, 독립운동의 사기 앙양, 일본에 대한
타격이 절대 필요했다. 하지만 어느 정도 과감한 작전이어야 할
까? 이런저런 궁리를 하는데 주방에서 술에 취해 떠드는 소리가
들렸다.

  "당신들은 독립운동을 한다면서 일본 천황을 왜 못 죽입니까?"
  "일개 문무관도 쉽지 않은데 천황을 죽이기가 쉽겠소?"
  "내가 작년 도쿄에서 천황이 능행(陵行)한다고 행인을 엎드리
  라고 하기에 엎드려서 생각하기를, 내게 지금 폭탄이 있다면
  쉽게 죽일 수 있지 않을까 생각했습니다."[12]

  대화의 주인공이 바로 이봉창이었다. 그는 임정에 드나들 때도
일본인 행색으로 하오리에 게다 차림이어서 "일본 영감"이라 불
릴 정도로 거침없고 자유분방한 신세대 청년, 당시 유행어로 '모

---

12  대화는 『백범일지』에서 채록.

던 보이'였다.

1900년 서울의 가난한 집안에서 태어난 이봉창은 보통학교 졸업 후 바로 생업에 뛰어들었다. 점원, 기관사 견습생, 철공소 노동자 등 다양한 직업을 전전하였지만 돈을 모으기보다 그때그때 쓰는 스타일로 멋 부리고 연애하는 데 신경을 많이 썼다. 하지만 조선인으로서 그의 가슴 한 구석에는 강한 응어리가 있었다. 조선에서 3·1운동을 겪었고 일본에서 원숭이 취급도 당해봤다.

그의 사정은 의거 이후 감옥에서 작성한 상신서(上申書)를 통해 알 수 있다. 그는 자신을 신일본인(新日本人)이라고 생각했지만 현실은 그렇지 못했다. 조선에서 용산역 연결수로 일할 때는 항상 일본인보다 많이 일하고 월급은 적게 받았다. 승진은 일본인 몫이었다. 일본에서는 조선인을 채용도 하지 않았다. 겨우 부두 노동자 일을 얻었는데 처음에는 돈을 많이 줘서 웬일인가 했더니 감독이 그를 일본인으로 착각한 탓이었다. 그가 조선인임을 알고 보수가 점점 깎였다. 국민은 덴노의 옥안을 한 번 봬야 한다고 해서 어렵게 번 돈을 투자하여 교토에 갔는데 조선인이라는 이유만으로 11일간 유치장에 구금당했다.

화려한 자본주의 소비문화에 절어 세상일을 잊고 살려고 노력도 해봤지만 소용없었다. 오히려 더 괴로울 뿐이었다. 그는 훗날 김구 선생에게 "인생의 목적이 쾌락이라면 31년 동안 인생의 쾌락은 대강 맛보았습니다. 앞으로 31년을 더 산다 해도……."라며 자신의 과거를 고백했다.

한국과 일본을 오가며 기술을 배워 돈을 벌어 멋지게 살아보려

했던 20대를 보내고 30대가 되자 중대 결심을 하고 중국 상하이로 건너갔다. 그는 이런저런 일로 생계를 이으며 상하이의 독립운동과 세상 돌아가는 정세를 관찰한 뒤 임시정부를 찾아가야겠다고 결심했다. 그는 전차역 검표원에게 물었다.

"조선 가정부(假政府)가 어디 있소?"[13]

"보경리 4호로 가시오."

임정 문을 두드리고 김구를 만났을 때 김구의 고민은 돈이었다.

"우리가 활동가들을 먹일 역량이 없는데 가지고 있는 돈이 좀 있소?"

"돈은 없지만 걱정하지 않습니다. 기술이 있으니 공장에 취업해서 벌면 그만입니다."

김구는 이봉창을 의심했다. 일본어 반 조선어 반에 행색도 왜색이어서 밀정이 아닌가 싶었다. 더군다나 '가정부'라니? 그것은 일제가 임시정부를 지칭하는 말이었다. 만약에 대비하여 예의주시하였다. 그러던 어느 날 음식을 사서 임정을 찾아와 술을 마시며 예의 천황 폭살 이야기를 꺼낸 것이다. 김구는 이봉창의 숙소를 찾아가 밤새 이야기하며 서로의 진의를 확인하였다.

"31년 동안 인생의 쾌락은 대강 맛보았습니다. 이제는 영원한 쾌락을 얻기 위하여 우리 독립 사업에 헌신하고자 합니다."

김구는 이봉창의 '영원'을 함께하기로 결심하고 천황 폭살 계획

---

13 안중근의 동생 안공근을 만나 그 소개로 김구를 만났다고도 한다. 하지만 여기서는 『백범일지』 내용을 중심으로 상황을 구성했다.

을 추진하였다. 이봉창은 일본인 기노시타 쇼조(木下昌藏)로 위장하여 일본 철공장 노동자로 일하며 거사를 기다렸다. 그런데 그의 자유분방한 행동이 문제가 되었다. 일본 옷을 입고 거침없이 가정부라 칭하고 일본 노래를 부르는데다 낭비벽까지 있어 다른 임정 요인들이 의심을 거둘 수 없었다. 이동녕이 김구를 불러 질책했지만 천황 폭살 계획은 임정 요인들에게도 비밀이라 김구도 대충 얼버무릴 수밖에 없었다.

거사 준비는 1년이 걸렸는데 자금 마련이 어려워서였다. 가까스로 폭탄 2개를 구입해 이봉창과 거사를 의논한 때가 1931년 12월, 추운 겨울이었다. 폭탄과 거사 자금을 주자 이봉창이 씨익 웃었다.

"저를 믿고 이런 큰돈을 주시다니, 제가 돈만 챙기고 달아나도 잡을 수 없으시면서. 저를 이토록 믿어주신 분은 이제까지 선생님이 유일무이하십니다."

일본으로 떠나기 전 사진관에서 기념촬영을 했다. 한 손에 천황 저격용 폭탄, 다른 한 손에 자살용 폭탄을 들었다. 맵시 있는 양복 차림이지만 그의 얼굴에는 고단한 삶의 흔적이 묻어 있었다. 청년을 죽을 자리로 보내는 김구 선생의 얼굴이 처연해졌다.

"왜 그러세요. 저는 이제 영원한 쾌락의 땅으로 가는데요. 기쁜 얼굴로 찍으시죠."

그렇게 일본으로 떠났다. 일본에서도 이봉창은 거침없었다. 김구가 마지막으로 돈을 보내자 답이 왔다.

"돈을 미친 것처럼 다 써서 빚을 졌는데요. 이 돈이면 빚 갚고도 남겠는데요."

그리고 거사일이 잡혔다. 1932년 1월 8일이었다.

1월 8일 오전 11시 44분, 육군관병식을 마치고 도쿄 경시청 정문 앞을 통과 중인 쇼와 덴노의 마차를 향해 이봉창이 폭탄을 던졌다. 하지만 폭탄은 덴노의 마차가 아닌 궁내대신 마차 옆에서 폭발하였다. 폭발력이 약해서 근위병 등 몇 명이 부상을 입고 쓰러졌지만 사망자는 없었으며, 이봉창은 "대한 독립 만세!"를 외친 후 미처 자살용 폭탄을 쓰기도 전에 체포되었다.

이봉창은 체포 이후 완전히 외부와 차단된 상태에서 조사를 받았다. 그는 침착하게 사전에 김구와 모의한 대로 알리바이를 진술했다. 교토 유치장 감금 이후 앙심을 품고 있던 중 무기 밀매가 돈이 된다 해서 중국인 백정선으로부터 폭탄을 구입한 김에 거사했다는 것이다. 일본 검사는 당시 상황을 이렇게 기록했다.

"태도 또한 태연하고 항상 미소를 띠고 있어 이 같은 중대한 범행을 감히 저지른 데 대해 죄책의 관념이 추호도 없는 듯했음."

"(폭탄이) 상당한 위력이 있는 것으로 판단했음에도 실제 이를 던졌을 때는 별로 효과가 없었음에 거듭거듭 유감스럽다고 자공(自供)했음."[14]

---

14 「1932년 1월 9일 이봉창 취조 내용 보고」 『이봉창 평전』(홍인근)에서 인용. 일제는 '중국인 백정선'이 김구임을 밝혀내고 상하이에 대한 수사를 강화하였다.

덴노를 직접 노린 대역죄여서 조선에서는 1월 10일에야 사건이 보도되었다. 이봉창은 저들에게 서울 출신 불량 조선인이었다. 대역죄인이었기에 언론도 극도로 조심하는 분위기였다.[15] 「동아일보」는 이봉창 재판을 이렇게 보도했다.

> "대역사건 범인 이봉창, 특별공판 금일 개정, 8시 57분 피고 이봉창이 만정의 증오와 노염을 받들고 입정하자……." (「동아일보」 1932년 9월 17일자)

재판은 일사천리로 진행되어 9월 30일 사형이 선고되었고 10월 10일 사형이 집행되었다. 재판이 비공개였으므로 이봉창의 태도를 자세히는 알 수 없으나 사형선고 순간만은 「동아일보」가 전하고 있다.

> "안색도 변치 않고…… 고개를 끄덕였다. 아침부터 내리는 가을비는 무거운 법정의 공기를 더욱 무겁게 하였다."

독립투사라 해서 항상 분노하고 울분에 차서 오로지 '투쟁'만을 부르짖지는 않았다. 그들에게도 기쁨이 있고 농담이 있고 일상이 있었다. 하지만 식민지 대지에 드리워진 짙은 그늘은 항상 가슴속

---

15  당시 많은 친일파들이 조선인의 대역죄를 사죄해야 한다며 사죄 집회를 갖고 성명서를 발표했다. 이를 주도한 인물들이 박춘금, 신석린, 민대식, 석진형 등이다.

에 있고, 그것을 외면하지 않는 한 모던 보이든 농사꾼이든 지식인이든 처지에 맞게 투쟁에 나서게 되는 것이다. 이봉창의 멋진 더블 코트와 함박웃음이 그것을 말해준다. 그는 영웅이 아니라 진실한 식민지 청년이었던 것이다.

# 2. 우리, 독립을 노래하노라

교사로, 전사로, 문화인으로 활약한 팔방미인 독립운동가들

**친일작가** 최정희의 소설 『야국초』의 주인공은 개화한 유부남과 연애 끝에 임신한다. 축복해주리라 믿었던 남자에게 배신당한 뒤 미혼모로 아들을 키우면서 아이를 일본인으로 키운다. 조선인으로 키워질 경우 서자에게 가해질 각종 봉건적 억압으로부터 아이를 구원할 방법은 개화한 나라의 백성으로 키우는 것뿐이었기 때문이다.

1938년 3월 1일 3·1절 기념공연을 마치고 찍은 기념사진이다. 독립운동가들은 선언문 쓰고 시위하고 독립군 지휘하는 일만 했던 것이 아니다. 문화공연도 하고 강의도 하는 등 교포와 중국인들에 대한 선전작업도 했다. 이런 일을 하는 사람들이 따로 정해진 것도 아니었다. 사진 맨 오른쪽 악기를 든 남자는 송면수 대원으로 광복군이 미국 OSS와 합작한 국내진공작전 지휘관 중 한 명이었다. 앞줄의 큰북을 담당한 유해준, 뒷줄 트럼본의 고시복 모두 임정 무력투쟁의 주요 전사들이다.

조선의 봉건적 여성 억압과 일제의 야만적 수탈이라는 샌드위치 신세에서 조선 여성들은 어떤 선택을 했을까? 『야국초』의 여주인공처럼 보다 개명한 일본의 충량한 백성의 길? 아니면 문명개화를 거부하고 독립운동 하는 남편바라기? 아니다. 그들에게는 그들의 독립운동이 있었고, 그 길을 충실히 걸었다.

앞의 사진 뒷줄 어머니에 안긴 귀여운 아이가 보이는가? 그 아이를 안고 있는 이가 방순희이다. 방순희는 일제 지배를 피해 연해주로 이주한 방도경의 딸로 태어나 민족교육의 세례를 받았다. 1918년 조선에 들어와 정신여학교 재학 중 3·1운동에 참가하여 옥고를 치렀으며 1920년대는 조선공산당의 파벌 중 하나인 북풍회에서 활동했다. 일본은 방순희를 소련 스파이, 또는 친소 공산당으로 보고 수사망을 조여왔고 결국 방순희는 상하이로 탈출하였다.

그녀는 상하이에서 현익철을 만나 결혼했다. 현익철은 14살 연상이었는데 광한단, 정의부, 국민부[16]의 고위직을 역임한 만주 독

---

16 자유시 참변 이후 독립군은 만주에서 참의부, 정의부, 신민부를 건설하며 재기를 도모하였다. 이를 3부라 하며, 1920년대 후반 3부를 통합해서 국민부를 만들었다. 하지만 국민부 내의 우파들이 이탈하여 혁신의회를 만들면서 3부 통합은 결국 실패했다.

립운동 지도자였다. 1931년 체포되어 7년형을 선고받고 복역하던 중 병보석으로 석방된 후 상하이로 탈출하여 임시정부 군사위원회에서 활동하다 방순희를 만난 것이다.

하지만 둘의 결혼생활은 길지 못했다. 1938년 중국 내 독립운동 단체를 하나로 통합하자는 운동이 일어났는데 임시정부가 이를 거부하면서 갈등이 빚어졌다. 임정은 유일무이한 독립운동 지도부로서 통합의 대상이 아니라는 입장이었다. 이에 분노한 통합운동파가 회의장에 난입하여 총을 난사하였다. 김구는 죽음의 문턱에서 겨우 목숨을 건졌지만 현익철은 끝내 살아오지 못했다.

남편이 죽었다고 슬퍼하지만은 않았다. 방순희는 러시아어에 능통하고 사회주의도 잘 알아 임정의 대소련 외교관 역할을 했다. 또 1939년 임정 임시의정원(임정의 입법부) 함경남도 의원으로 선출되었다. 그녀는 해방의 그날까지 활약한 유일한 임시의정원 여성 의원이었다. 또 한국애국부인회 부주석으로 여성운동의 지도자로 활약했고 해방 이후에도 한독당 부인부장으로 정치 일선에서 맹활약 했다.

아이 옆의 여성은 오광심이다. 광복군 창설 멤버 중 여성은 4명으로 오광심, 지복영, 조순옥, 김정숙이었다. 오광심은 광복군 기관지 「광복」에 이런 글을 실었다.

"광복군은 남자의 전유물이 아니요 우리 여성의 광복군도 되오며 우리 여성들이 참가하지 않으면…… 필경은 전진하지 못하고 쓰러지게 됩니다."

오광심은 교사에서 전사로 전환한 케이스였다. 정의부 산하 화흥중학을 나와 배달학교 등에서 교사로 일하다 일제 대륙 침략으로 만주의 정세가 급변하자 조선혁명군에 참가하였다. 조선혁명군은 3부 통합 실패 후 국민부를 중심으로 새로 조직한 조선혁명당 산하 독립군이었다. 특히 양세봉 장군은 김좌진 전설과 김일성 전설을 연결하는 1930년대 최고 명장이었다. 그 조선혁명군 여전사였던 것이다.

조선혁명군 참모장 김학규와 결혼한 후에는 그의 참모로 위험한 임무를 자주 맡았다. 특히 만주에서 일제의 포위망을 뚫고 본토의 독립운동 단체와 연락을 취하는 일은 그녀가 아니면 하기 어려웠다. 양세봉 장군 전사 등 악재가 겹쳐 조선혁명군의 활동이 어려워지자 중국의 여러 독립단체와 군대가 하나로 연합하여 민족혁명당을 건설하였는데, 그녀의 연락 작업 덕에 무난히 이루어질 수 있었다. 이후 민족혁명당 부녀부 차장에 임명되었다.

민족혁명당이 임정의 참여 거부로 어려움에 처했을 때 김학규와 오광심은 임정 쪽에서 활동했다. 이때에도 임정의 군사 활동과 관련한 일에는 오광심이 항상 있었다. 그리고 마침내 광복군 창설 멤버라는 영광스러운 자리를 차지할 수 있었다. 이후 다른 여성 대원들과 함께 광복군 모집에 헌신했다. 특히 일본군 안의 조선인 병사들을 탈출시키거나 연합군 포로가 된 조선 병사들을 광복군에 참여시키는 일에 큰 공을 세웠다. 일본군을 탈출해 광복군에 참여했던 김문택은 "오광심 선생님"으로 모실 정도였다.

그러나 오광심은 해방 이후 오히려 불행해졌다. 김구 암살 사건이 일어나자 이승만 정권는 김학규 장군을 암살 배후로 몰아 징역 15년에 처했다. 김학규가 귀국한 뒤 한독당 조직부장 등을 역임하며 이승만 반대 투쟁을 하는 것에 불편해하던 중, 김구를 죽인 안두희를 소개한 사람이 김학규라는 점, 김학규가 김구의 남북협상을 반대했다는 점을 들어 그를 김구 암살 배후로 몰았던 것이다. 이는 김구 암살이 이승만 정권의 짓이 아니라 한독당 내부의 갈등 탓이라고 둘러대고자 하는 정권의 의지였다.

한국전쟁 와중에 김학규가 풀려나긴 했지만 이후로도 두 부부의 삶은 고단했다. 김구 죽음 이후 한독당 세력은 한국전쟁의 소용돌이 속에서 큰 타격을 받았다. 일부는 월북했고 일부는 빨갱이로 몰려 처형당했고 일부는 친일파들이 포진한 자유당이나 한민당에 들어갔다. 김구의 아들 김신의 경우 이승만 정권 시절 공군에서 무난히 군 생활을 하였고 훗날 박정희 정권에 참여해 교통부 장관과 유신정우회 의원을 역임했다. 하지만 김학규와 오광심은 오갈 데 없는 신세였다. 가난과 외면 속에 이승만·박정희 시대를 살다 조용히 죽었다. 오광심의 독립운동 경력은 죽은 후에야 인정받아 건국훈장 국민장이 추서되었다.

방순희 왼쪽 연한 색 중국옷을 입은 여성이 연미당이고, 연미당 바로 앞의 검은 옷을 입은 여자 아이가 그녀의 딸 엄기순이다. 연미당은 3·1운동 이후 중국으로 망명해 상하이에서 활약한 여성 독립운동가이다. 특히 1930년대부터 임정의 각종 여성단체에서 일하며 주요 공작에 함께 했다. 아마도 가장 특이한 경력은 윤봉길 의거 지원이 아니었을까 싶다. 윤봉길의 폭탄이 든 도시락과

물통을 의심받지 않게 포장하는 것이 그녀의 역할이었다. 일제의 삼엄한 경계망을 뚫고 들어가야 하는 일이므로 여간 신경 쓰이는 일이 아니었다. 그 폭탄 보자기가 그녀의 작품이었다.

윤봉길 의거로 김구는 특급 수배범이 되었다. 그를 모시고 무사히 도피하는 일도 여자들의 몫이었다. 충칭 시절 연미당은 한국애국부인회와 한국독립당 등에서 활동하였고 광복군 모집 사업에도 참가하였다. 그녀의 헌신적 독립운동에 딸도 예외가 아니었다. 딸 엄기선은 광복군의 전신인 한국광복진선청년전지공작대에 참가하였고, 아버지 엄항섭과 함께 임정 선전부에서 방송 일을 하였다. 그녀 나이 겨우 14살 때였는데, 그녀의 대일본 방송은 소녀의 카랑카랑한 목소리와 함께 유명했다고 한다.

악기를 들고 노래를 하며 기념공연을 한 사람들은 '후방' 사람들이 아니었다. 모두 단체에서 전선에서 용감히 싸우는 투사들이었고, 여자라 해도 그들의 활동무대는 한반도에서 만주와 중국 본토까지 광활하였다. 그런데 왜 우리는 그들을 알지 못했을까? 또는 그들이 그저 독립운동가 남편 뒷바라지나 하는 존재로 생각했을까?

두 가지 이유를 생각해볼 수 있겠다. 하나는 기록이 남성들 중심으로 존재하기 때문이다. 물론 여성 독립운동가들도 기록을 남겼다. 정정화의 『장강일기』, 이화림의 회고록, 이은숙의 『서간도 시종기』 등을 들 수 있다. 하지만 알려진 기록은 회고록이든 평전이든 대부분 남자에 집중되어 있고, 당연히 여성 독립운동가는 아내나 딸로서 기록되는 한계가 있으며 드러나는 역할도 조연적 측면이 강할 수밖에 없다.

또 하나는 당시 남성 독립운동가들의 여성에 대한 인식 문제이다. 당시 남성 독립운동가들은 좌우를 막론하고 이른바 '신여성'에 대해서는 비판적이었다. 식민지적 특성 때문이었겠지만 침략자들, 즉 서국 제국주의 열강의 문화에 강한 거부감을 가지면서 여성에 대한 시각도 매우 편협했다. 전통적 여인상 속에서 또 그것을 극복한 적극적 독립투사로서의 여성의 역할을 기대하다보니 그것을 만족시키는 여성은 극소수 슈퍼우먼뿐이었다.

결국 남성 독립운동가들의 편협한 여성 인식과 남성 중심 기록은 여성 독립투사를 극히 제한적으로 알게 만들었다. 그 속에서 수많은 여성들의 눈부신 활동이 묻히거나 과소평가되었고, 일제하 여성에 대한 여러 오해가 빚어지게 되었다. 오광심의 말을 빌리면, 세상의 절반만 이해하고서야 어찌 그 시대 전체를 이해하겠는가? 여성 중심 독립운동사가 계속 조명되어야 할 이유이다.

# 3. 영어와 '모던 걸'

근대화 담론

우리에게 모던(근대 또는 현대, 여기서는 근대라고 통일한다)은 언제 시작했을까? 그것은 일제 강점기였다. 그렇다면 일제 강점기는 근대의 여명이 열린 시대였을까? 식민지 조선에서 근대의 도래, 근대화는 어떤 의미가 있었을까?

사진은 1930년대 호텔의 풍경이다. 멋진 양장을 한 여성과 양복을 입은 신사들이 호화로운 카페에서 커피를 마시며 즐겁게 대화를 나누고 있다. 분명 이 시기 식민지 조선은 화려한 소비문화 속에서 혁명적 생활의 변화를 겪고 있었다. 이는 어디로부터 왔으며 우리에게 어떤 의미로 다가오는가?

두 가지 풍경을 그려보자. 첫 번째 풍경. 1930년대 당시 청소년들의 가장 큰 고민은 영어였다. 1930년대 신문광고에는 '입신출세를 희망하는 자들은 영어만은 꼭 배워두십시다'라는 카피가 실려 있었다. 또 속성영어자습, 무선생(無先生) 영어, 신안 영어독학 같은 영어 교재 광고가 빼곡했다. 영어가 입시와 취업에 절대적인 영향을 미쳤기 때문이다. 1939년 「조선일보」가 입시 과목에서 영어를 폐지하자는 주장을 실을 정도였다. 1939년! 중일전쟁과 제2차 세계대전 발발로 국민징용령이 실시된 해였다.

두 번째 풍경. 여성의 취업은 언제부터였을까? 위의 영어 교재 광고에 이런 카피도 있었다. '버스 안내양도 영어만은 배운다'. 이른바 '모던 걸'이라는 근대 여성들의 등장으로 남녀 풍속에 일대 혁명이 일어난 것도 일제 강점기였다. 나혜석은 이혼고백서를 통해 여성의 이혼할 권리를 주장했고 허정숙은 동지적 관계가 아닌 남편은 필요 없다고 주장했으며 정칠성은 현모양처 이데올로기는 구악이라고 강조했다. 오늘날 여성학자들이 남성 독립운동가들의 가부장제 문화가 해방 이후 남녀차별의 원인 중 하나라고 비판할 수 있었던 것도 바로 모던 걸들의 활약 덕분이었다.

이러한 모던은 일제 강점기에 이루어졌다. 그렇다면 이는 일제의 덕인가? 여기서 우리가 주의해야 할 것이 있다. 식민지라는 개념 자체가 근대적이기 때문에 식민지에도 당연히 근대가 들어온다. 이른바 이식된 근대이다. 그 원리를 생각해보면, 근대적 식민지는 세 가지 기능을 위해 운영한다. 자원과 노동력, 소비시장, 자본투자 시장이다. 뒤의 두 가지가 이식된 근대와 밀접한 연관을 갖는다.

의회민주주의가 발전하고 유권자의 힘이 강화되면서 노동자 임금이 상승한다. 자본은 저임금을 위해 식민지에 공장을 짓고 설비를 이전한다(자본투자). 식민 당국은 자본의 요구에 따라 농민들을 공장 노동자로 전환하기 위해 근대적 학교를 짓는다. 근대 교육을 받은 노동자들은 저임금 노동력으로 공장에 취업한다(이식된 근대). 공장은 상품을 생산하여 식민지 시장에 내놓는다. 임금을 받은 노동자들이 상품을 구매한다(소비시장). 식민지는 화려한 자본주의 문화의 아성이 된다(식민지 근대화).

이렇게 이식된 근대는 근대에 대한 문제의식도 함께 들어온다. 유럽 근대의 가혹한 노동 착취, 또는 여성 억압 등에 대한 노동해방과 여성해방이라는 문제의식도 함께 들어오는 것이다. 아직 봉건적인 농업 사회 수준이었던 중국과 조선에 사회주의라는 자본주의의 대안 체제가 들어올 수 있었던 것도 바로 이런 이식된 근대 탓이다. 그리고 이런 대안에 대한 근대화 사상은 자발적으로 들여왔다.

그런데 서양은 그들의 역사 진행 과정에서 일어난 문제를 고민하는 과정에서 진보적 사상이 나오는데, 우리는 그 과정을 생략한 상태에서 진보 사상이 들어왔다. 즉 고민과 그 대안의 연결이 일치하지 않는 상황에서 진보사상이 들어온 것이다. 비유하자면 남녀평등 문제를 고민하는데 갑자기 프리섹스가 전면에 문제제기 되는 식이다.[17] 우리가 일제 강점기 근대화 담론에 대한 논쟁을 이해하려면 이러한 문제와 대안의 단절, 진보의 이식에 대해서 생각해야 한다.

근대화를 서양화로 인식하는 이유도 그것이 우리에게 강제로 주입되었기 때문이다. 사실 서양화라고 하지만, 그 서양이 지칭하는 대상은 명확하지 않다. 서양은 막연한 개념일 뿐, 미국, 영국, 프랑스, 독일은 모두 자기만의 문화를 갖고 있다. 영국 신사의 이미지를 서양 문화라고 하면 독일인들은 분명 고개를 가로저을 것이다.

우리가 서구문화라고 하는 것은 상당 부분 일본인들이 규정한 서양문화다. 그것이 근대화=독립, 또는 근대화=풍요라는 도식 하에 무비판적으로 - 사실 비판할 기회조차 주어지지 않았다 - 들어왔다. 오늘날까지 우리가 근대화, 또는 오리엔탈리즘에 대해 혼란스러운 인식을 갖는 이유는 그것이 어디에서 어떻게 왔는지 이해가 부족하기 때문이다. 하지만 고개를 돌려 동남아나 인도 등을

---

17 생뚱맞겠지만 현대사에서 실제로 우리가 겪은 일이다. 박정희 시대 우리의 고민은 노동과 임금에 대한 사회경제적 남녀차별이었다. 하지만 당시 유럽은 68혁명의 열기 속에 프리섹스가 중요한 화두가 되었다. 이것이 생뚱맞게 한국에 들어온 것이 히피와 미니스커트 논쟁이었다. 결국 한국에서 히피 문화는 진보 문화가 아니라 상품으로 변질되었다. 핵전쟁의 위험에 대한 경고로 만들어진 비키니가 단순한 여성 노출, 또는 수영복 패션의 문제로 이어진 것과 마찬가지다.

보자. 그들은 서양의 식민지였음에도 우리보다 더 많은 자신들의 문화를 갖고 있다. 사실 그것은 전통문화가 아니라 그들만의 현대 문화인 것이다.

이식된 근대화로부터 민족의 정체성을 지키려는 노력과 그 후유증은 인도에서 잘 드러난다. 19세기 영국은 기존의 인도 문명을 "야만, 낡은, 봉건적인" 것이라고 비판하며 "발전한, 현대적인" 기독교와 서양문명으로 교체하려 했다. 이때 쟁점이 된 것이 '사티' 였다. 사티는 남편이 죽었을 때 과부를 순장하는 봉건적 악습이었다. 영국은 사티를 금하면서 그 빈자리에 기독교를 채우려 했다. 그러자 사티를 지키려는 인도와 사티를 폐지하려는 영국의 싸움이 시작되고, 오히려 사티가 대대적으로 유행하여 수많은 인도 여성들이 불길 속에 던져졌다.

간디는 인도의 정체성을 확보하려면 힌두교의 근대화가 필요하다고 생각했다. 원래 힌두교는 통일된 교리와 교단 없이 민간 사이에 자생적으로 다양하게 존재했다. 간디는 통일된 교리와 교단을 가진 힌두교를 만들고, 이를 통해 '인도인'이라는 '근대적' 민족의식을 만들려고 했다. 간디의 노력으로 인도는 독립했고, 힌두교는 오늘날 8억 명의 신도를 가진 세계 최대 종교 가운데 하나가 되었다. 하지만 이 과정에서 힌두교는 강한 배타적 성격을 갖게 되었고, 결국 오늘날 이슬람과의 갈등과 여성에 대한 폭력이라는 심각한 문제를 안게 되었다.

근대화 담론에 대한 한국적 논쟁은 1990년대 유행한 포스트모더니즘에 기인한다. 이른바 1980년대 이데올로기와 사상이라는 거시적 세계관에 입각한 치열한 투쟁과 갈등은 1990년대 들어 개인의 발견, 개인적 가치와 충돌했다. 이를 배경으로 미시와 담론 등을 강조하는 포스트모더니즘의 열풍이 불어온 것이다. 그런데 1990년대 소개된 포스트모더니즘은 100% 서양에서 직수입된 것이었고, 그것은 사상의 자유가 보장된 전후 서양의 치열한 대결과 갈등 속에 희생당한 개인들의 이데올로기였다. 예를 들어 68 당시 소련의 패권주의를 비판하는 신좌파나 경제적 평등에도 불구하고 여전히 일상에서 차별을 겪는 여성들의 페미니즘 등이었다.

포스트모더니즘은 NL과 PD의 분열과 통일운동의 급진화, 사회주의권의 붕괴에 처한 한국의 진보 세력에게 대안으로 제시되었다. 하지만 '사상의 자유'[18]나 '경제적 남녀평등'이 전제되지 않은 한국에서의 포스트모더니즘은 프랑스적 특수성과 한국적 특수성 사이에서 방황하였고, 이런 속에서 근대화 담론도 자연스레 식민지 근대화론의 중요한 사상적 기반을 제공하는 의도치 않은 결과를 불러오기도 했다. 이는 수용과 소화의 차이가 보수와 진보의 차이와 결합할 때 나타나는 문제점이다.

그럼에도 불구하고 근대화 담론에 대한 이해는 매우 중요하다. 이를 오늘날 북핵 위기와 관련된 태도를 이해하는 데 적용해보자.

---

18 1960년대 서유럽은 소련의 깃발을 휘두르는 공산당이 세계혁명을 공공연히 주장하는 사회였다. 청년들은 소련 사회주의를 직접 보고 느낄 수 있었다. 1970년대 유명한 스웨덴의 팝그룹 〈아바〉는 당시 좌파의 세력이 강한 스웨덴 방송국에 출연 금지를 당하기도 했다. 그 속에서 폐쇄된 소련을 비판하는 신좌파가 나왔다. 하지만 과연 한국 광화문 광장에서 인공기를 휘두르는 것이 가당키나 할까?

불행히도 강대국(미, 러, 영, 프, 중)은 다수의 핵무기를 보유하고 있으며 이른바 핵패권을 휘두르고 있다. 이를 전제로 핵무기의 확산을 저지하기 위한 국제적 압력을 가하고 있다. 강대국의 핵무기에 대한 인식은 '통제할 수 있는 핵'과 '통제할 수 없는 핵'이라는 이중 기준을 전제로 하고 있다. 그래서 유럽 좌파들은 핵발전을 반대하고 핵확산을 반대하지만 자국의 핵패권에 대해서는 소극적이거나 침묵하기도 한다. 여기에는 기존의 세계질서를 유지하고자 하는 심리가 깔려 있다.

반면 핵패권에 대한 선망은 강대국의 자리를 노리는 중진국에게 강력하게 존재한다. 그래서 북핵 위기가 거론될 때마다 한국 보수는 핵무장을 주장한다. 반핵을 가치로 하는 한국 진보는 핵무장이나 북핵을 절대 반대하지만 강대국의 핵패권에 대한 대안 부재로 설득력을 갖지 못한다. 그래서 심지어 일부 진보에서도 핵 보유에 대해 우호적인 생각을 갖기도 한다. 우리는 이러한 혼란에서 100년 전 한국의 근대화가 망국의 위기감과 식민지의 고통을 벗어나기 위한 생존적 성격을 띠고 이루어진, 즉 '자발적으로 이식된' 근대화라는 모순적 인식을 확인할 수 있는 것이다.

근대화 담론은 일제 강점기 식민지 조선의 문제를 정치의 문제에 국한해서 생각하는 편협함을 깨는 데 매우 중요한 역할을 하였다. 그러나 식민지로서 민족적 차별이 기본 모순인 사회에서 이를 어느 정도 계산하고 시대를 연구해야 하는가라는 문제에 대해서 아직 성숙하지 못한 것 같다. 앞으로 더 치열한 논쟁과 연구가 진행되어야 하지 않을까.

# 4. "어머니, 배고파요, 집에 가고 싶어요"

일제 강점기 말의 살인적인 공출과 징용의 희생자들

2017년 여름을 뜨겁게 달군 영화 「군함도」는 일제에 강제징용당한 조선인들의 고난과 탈출을 다루었지만 많은 논쟁에 휘말리기도 하였다. 하지만 일본 군함도 탄광에서 있었던 일들은 영화보다 더 기막힌 이야기들을 담고 있다.

사진은 탄광으로 끌려간 징용 노동자가 숙소의 벽에 쓴 낙서이다. 중학생이나 고등학생의 나이에 끌려가서 굶주림과 가혹한 강제노동에 시달리다 생사의 기로에 처한 아이들이 마치 유서를 쓰듯이 벽에 손톱이나 젓가락으로 글을 새긴 것이다.

"어머니, 배고파요. 보고 싶어요. 집에 가고 싶어요."

그들은 그런 고통을 겪을지 모르고 갔을까? 2010년 8월 7일 방영한 KBS 역사스페셜 '지옥의 땅 군함도'에서 우리는 생생한 증언을 들을 수 있었다.

"소학교 졸업하고 학교에서 훈련 도중에 잡혀 갔지." (최장섭, 군함도 탄광에서 강제 노역)

"교장이 교실로 와서 말하기를, 중학교 보내주겠다, 좋은 밥을 먹을 수 있다, 월급도 많이 준다고 했어요." (양금덕, 미쓰비시 군 수공장 강제 노역)

일제는 속여서, 또는 강제로 우리 조선인들을 군수공장과 탄광 등으로 끌고 갔다. 1938년 선포한 국가총동원령에 따라 모든 조선인은 일제의 전쟁 수행을 위한 강제노역에 참가할 의무가 부여되었다.
초기에는 형식적으로나마 모집이나 알선 등 개인적 선택권을 주었지만 1943년부터는 개인 의사와 상관없이 무조건 징용 명령이 떨어지면 동원되어야 했다. 고베 조선소로 끌려간 정재수는 서울에서 징용 명령을 받았는데 가족 보호를 위해 도망가면 안 된다는 형의 강압으로 징용에 나가야만 했다.

동원 인원은 행정단위별로 할당량이 정해져 있어서 무조건 숫자를 맞춰야 했다. 충북 출신 정금재는 1944년과 1945년 4차에 걸쳐 징용 명령을 받았지만 그때마다 도피했는데 그 통에 다른 사람들이 잡혀가서 죄책감에 시달렸다. 심재길은 3형제 중 누군가는 가야 한다고 해서 막내라는 이유로 미이케 탄광으로 끌려갔다. 동네에서는 심재길 포함 3명을 뽑아서 징용을 보냈는데 심재길만 살아남았다.[19]

당시 조선의 15~49살 남자 인구는 550만 명 정도였다. 일본은 해마다 수십만 명에서 많을 때는 200만 명 이상을 끌고 갔다. 일제가 동원한 조선 징용 인력은 연인원 600만에서 800만 명 사이

---

19 징용 동원 방식 중 인간사냥 방식에 대한 증언이 있었다. 요시다 세이지의 『나는 조선 사람을 이렇게 잡아갔다-나의 전쟁범죄 고백』(1983년 일본, 1989년 한국에서 간행)은 야마구치 현 노무보국회 동원부장으로 근무한 필자가 징용 노동자들을 확보하기 위해 인간사냥을 했다는 내용이다. 그러나 일본 언론이 제주도 등 현지에서 사실을 확인했으나 관련 증언이 없었고 본인도 거짓이라고 고백했다며 책의 내용이 허위 날조라고 보도했다. 현재 이 책의 진위 여부는 알 수 없으며(한국 케이블 채널의 모 프로그램에서 일본측 주장을 인정하는 내용을 내보낸 바 있다) 얼마 전 요시다 세이지의 아들이 아버지가 세운 속죄비를 훼손해 물의를 일으키기도 했다. 그러나 이 책의 진위 여부와 관계없이 '위안부' 및 징용에 납치 등의 범죄적 수단이 되었음은 한중일 3국이 공통으로 주장하고 있다. "('위안부' 동원) 전쟁이 막바지로 가면서 유괴, 또는 인신매매, 납치를 당해 끌려가는 경우도 점차 늘어났습니다." (한중일 3국 공동역사편찬위원회, 『미래를 여는 역사』, 168쪽) 참조.

로 추정된다. 이것은 군대로 끌려간 사람들은 제외한 숫자이니 얼마나 많은 사람들이 강제 동원되었는지 알 만하지 않은가?

노동은 가히 살인적이었다. 그중에서도 악명 높은 곳이 군함도 탄광이었다. 8시간씩 2교대였고 24시간 노동이었다. 한 사람이 하루 16시간까지 노동하는 구조였다. 그러나 식사는 콩깻묵으로 만든 주먹밥 두 덩이가 전부였다. 영양실조에 장시간 중노동으로 그 고통은 상상을 초월했다. 일이 끝나고 누우면 다리에 쥐가 나서 엉엉 우는 사람들이 부지기수였다. 행동이 둔해져서 사고도 빈번했다. 탄차를 피하지 못해 치여 죽는 사람도 있었고, 졸면서 일을 하다가 낙석 사고로 중상을 입거나 죽기도 했다. 사고 위험이 높아서 막장에는 일본인은 거의 없고 조선인 징용 노동자들이 주로 일했다.

다른 지역도 비슷했다. 고베 조선소에서도 징용 노동자의 밥은 오직 콩뿐이었다. 반면 노동자를 감시하는 일본 경비병들은 흰 쌀밥을 먹었는데 그것도 맛없다며 불평하고 버리기도 했다. 그러면 징용 노동자들이 주워 배를 채웠다. 새벽부터 심야까지 군함 내부에서 작업해서 해를 보지 못했고 작업 과정에서 나오는 검댕 때문에 항상 전신이 까맸다.

노동자들의 불만을 잠재우기 위한 폭력도 살벌했다. 고베 조선소의 경우 군인이 부족해서 야쿠자에게 감독(간수라고 불렀다)을 맡겼다. 이들은 공포 분위기 조성을 위해, 또는 재미삼아 폭력을 휘둘렀다. 앞의 고베 조선소 정재수의 증언에 의하면, 간수 옆을 지날 때는 일본어로 '실례합니다'라고 해야 하며 그렇지 않으면 심한 구타를 당했다. 그런데 일본어를 못하는 조선인 소년이 그냥 지나치는 바람에 초주검이 될 정도로 두들겨 맞았고, 이에 항의하는 조선인에게도 폭력을 휘둘러 결국 충돌이 일어났다.

군함도의 경우에도 말을 듣지 않으면 각종 고문 방식이 동원되었다. 무자비한 구타는 기본이고 다리 사이에 각목을 끼운 뒤 그 위에 큰 돌을 얹어 고통을 주는 고문도 자행되었다. 징용 노동자 사망 원인 중에는 폭행치사도 존재하는 것으로 알려져 있다.

당연히 죽음 같은 징용으로부터 탈출하고자 하는 행렬이 이어졌다. 당시 노동자들 사이에서는 탈출을 도와주는 세력에 대한 막연한 믿음들이 있었다. 실제로 재일 조선인 또는 일본 공산당 등 양심적 일본인들이 은밀히 도와주었다.

하지만 조직적 도움이 아니었기에 그런 도움을 받으려면 운이 따라야 했다. 앞의 정재수가 대표적인데, 고베에서 배로 탈출했지만 5일간 표류하다 겨우 도착한 육지에서 마침 조선인을 만났고, 피난처를 제공한 일본 노인을 만났으며, 조선으로 밀항해주는 조선인 선장을 만나 돌아올 수 있었다. 지독한 행운이었다. 그 모두가 준비되지 않은 우연한 만남이었기 때문이다. 반면 그렇지 못한 경우는 죽을 수도 있었다.

군함도에서도 많은 이들이 바다로 뛰어들어 헤엄치다 빠져 죽고 일부만이 가까운 섬에 도착했지만 그들마저도 경비 중인 경찰에 체포당했다. 잡혀온 사람은 모진 고문을 당해 그 후유증으로 죽기도 했다. 그럼에도 불구하고 탈출 행렬은 끝없이 이어졌다. 아소 탄광의 경우 7,996명을 징용으로 끌고 왔는데 4,919명이 도망쳤다는 기록도 있었다.

도망친 노동자들의 행방은 알기 어렵다. 일부는 조선으로 돌아왔지만 일부는 일본에 남아 저임금 노동자로 일하다 미군 공습 때 죽기도 했다.[20]

징용의 참상은 결코 영화에서 표현할 수 없다. 끌려가는 과정부터 짐승처럼 혹사당하다 끝내 해방과 함께 풀려나올 때까지의 고통을 어떻게 '연기'하고 '연출'할 수 있겠는가? 단지 그런 사실을 드러내기 위해 영화로 만들었다는 점에서는 영화 「군함도」를 높이 평가하고 싶다. 유대인 학살을 다룬 영화들이 꾸준히 만들어지는 것처럼 일제 전쟁범죄에 대한 영화는 계속 만들어져야 한다고 생각한다.

아울러 두 가지를 우리가 주의하기를 희망한다. 먼저, 징용이 기업 발전을 위한 것이었다는 점이다.[21] 미쓰비시중공업은 군함도 탄광의 노동 착취를 통해 세계적 중공업회사로 발돋움할 수 있었다. 일본의 중공업이 조선인 저임금 노동을 통한 이윤 창출, 그리고 한국전쟁 당시 군수산업 호황으로 발전하여 오늘날 일본이 세계 3위의 경제대국이 되었다는 사실은 주지의 사실이지만 그 노

---

20  일본은 문제의 '위안부'들이 이런 경우라고 주장하기도 한다. 즉 공장에 간 정신대 여공들이 일이 힘들어 도망친 후 술집 등을 전전하다 중국이나 동남아까지 흘러갔다는 것이다. 이른바 '자발적 위안부'이다. 그들의 만행에 저항한 조선인들의 행동으로 그들의 만행을 은폐하는, 그야말로 일본다운 변명이라 할 수 있으나, 그런 '자발적' 운운하는 말에 '위안부' 할머니들이 받은 상처는 말로 다할 수 없을 것이다.

21  조선의 일본 기업 소속 조선 노동자들은 징용에서 빠지기도 했다. 서울 하세가와 양복점에서 재단사로 일하던 이승봉은 한 번도 징용이나 징병을 받지 않았다.

동력이 징용과 밀접한 연관이 있다는 것도 결코 잊지 말아야 할 것이다.

일본은 패전 이후 전후 복구를 위한 저임금 노동력을 위해 징용 노동자들의 귀국을 막았다. 그래서 많은 이들이 돌아오지 못하고 일본에 눌러앉아 '재일동포'가 되었다. 하지만 한국 정부는 항상 그들을 외면했다. 이승만 정부는 일본과 대화하지 않겠다는 명분으로 외면했고, 박정희 정권은 오히려 재일동포들에게 일본인으로 귀화하라고 종용했다.

이 과정에서 일부 재일동포들이 친북적 행동을 하여 조총련을 만들고 북한 귀환을 추진했는데 정부는 이에 대해 일본과 협력하여 친북 행위자를 처벌하는 데만 몰두했다. 조국은 두 동강이 난 상태에서 받아주지도 않고 가지도 못하게 하고 일본인이 되라고 하는 것은 도리가 아니지 않은가?

그리고 징용 노동자들의 관리 방식을 해방 이후 우리가 모방하기도 했다. 일제는 징용 노동자들의 월급을 주지 않고 저축이라는 명목으로 공제했다. 퇴직시 저축통장을 돌려주어 목돈을 받게 해주겠다는 것이었지만, 실제로는 월급을 떼먹었다. 이것이 현재 징용 노동자들이 일본 기업과 정부를 대상으로 벌이는 반환 소송이다. 그런데 1960년대 우리 기업들도 이런 짓을 했다. 많은 여성 노동자들의 월급을 저축이라는 명목으로 공제하고는 실제로 기업이 사용한 것이다.

나중에 저축 금액을 줄 기한이 다가오자 정부는 특별조치를 선포, 상환일을 몇 년 후로 연기했다. 그 기간 동안 인플레로 화폐가

치가 떨어져서 노동자들은 실제 받을 월급의 절반 이하만 받을 수 있었다. 한국 기업의 노무자 관리 문화에 일제 강점기 징용 문화가 있었다는 부분은 분명 반성해야 할 것이다.

두 번째는, 저 징용의 배경에 민족말살정책이 있었다는 점이다. 일본인이라 해도 버텨내기 어려운 지옥 같은 징용을 조선인이 열심히 할 리가 없었다. 왜 일본의 전쟁을 위해 조선인이 고통을 겪어야만 한단 말인가? 그래서 일제가 생각한 것이 민족성 말살이었다. 조선어를 금지하고 조선사를 금지하고 일본어로 이름을 개명하고 덴노를 신이요 아버지로 모시는 〈황국신민서사〉를 외운 것이 모두 징용과 징병으로 우리를 끌고 갈 때 군소리 없게 하려고 한 짓이었던 것이다.

그런데 이 과정에서 죄를 지은 자들이 아직도 반성을 하지 않고 있다. "일제가 승전할 것으로 알고", "목숨의 위협을 받아서", "학교와 기업을 지키기 위해서"가 그들의 변명이었다. 하지만 00 대학을 지키려다 수만 명의 여성들이 '위안부'로 끌려가고 수백만 명의 조선인들이 징용으로 끌려가 엄청난 고통을 받고 비참한 죽음을 당했다. 서정주의 목숨이, 모윤숙의 목숨이, 박정희의 목숨이, 백선엽의 목숨이, 끌려간 징용 노동자들의 목숨보다 더 귀하다고 생각하는 것 자체가 인간성에 대한 불신이 아닌가? 더군다나 학교를 지키기 위해서라니. 징용 노동자와 징병 군인들의 피와 생명 위에 세워진 학교들이 과연 우리 미래를 책임질 수 있단 말인가?

화려한 말의 성찬과 이론이 난무하는 속에서도 우리 곁의 사람들을 보면 그 위선을 간파할 수 있다. 1940년대 이름 없는 평범한 조선인들의 경험이야말로 일제 강점기 시대적 정의와 불의를 가늠할 수 있는 절대적 기준인 것이다.

# 5. 일본 항복 하루 전

일본 군부 강경파 쿠테타 실패와 덴노의 면죄부

덴노의 항복 선언을 듣고 통곡하는 일본인들, 그들의 전쟁은 끝났을까? 그렇지 않았다.

1945년 8월 15일 정오 쇼와 덴노의 항복 선언을 들은 후 어느 일본인 가정이 통곡을 하며 덴노와 일본을 위해 기도하는 장면이다. '아라히토가미(現人神, 살아 있는 신)' 덴노는 "금후 제국이 받을 고난은 이루 말할 수 없을 것이다. 그대들 신민의 충정을 짐은 잘 알고 있다. 그러나 짐은 시운이 흘러가는 바 참기 어려움을 참고 견디기 어려움을 견뎌 만세를 위해서 태평을 이루고자 한다."라고 말했다. 그가 말하는 고난은 덴노가 받을 고난도 함께였고, 그것은 신민의 불충의 소산이었다. 패전의 울음은 곧 덴노에 대한 불충에 대한 회한의 울음이었던 것이다.

1945년 8월 14일, 일련의 육군 장교들이 쿠데타를 모의했다. 다케시마 중좌와 하타나카 소좌 등 육군성과 근위대 장교들을 중심으로 한 쿠데타군은 근위 1사단 모리 중장을 살해하고 정부를 장악, 항복 선언을 저지하려 했다. 그러나 병력 부족과 덴노 및 군 수뇌부의 설득으로 결국 쿠데타를 포기하고 자살하거나 항복하면서 미수로 그쳤다.

이날의 사건을 1965년 한도 가즈토시가 『일본의 가장 긴 하루, 운명의 8월 15일』이라는 논픽션 소설로 발표하고, 2015년 하라다 마사토 감독이 「일본의 가장 긴 하루(日本のいちばん長い日)」라는 제목의 영화로 만들었다(한국에서는 「일본 패망 하루 전」이라는 제목으로 개봉). 우리는 이 작품을 통해 일본인들이 생각하는 항복과 덴노가 한 역할을 이해할 수 있다.

일찍이 일본에 대륙 진출을 꿈꾸는 군부 강경파와 이에 반대하는 온건파가 있다는 이야기는 앞에서 한 바 있다. 이들의 갈등은 1차대전 종전과 함께 본격화되었다. 1차대전 승전국으로 요구한 전리품 21개조가 중국 5·4운동으로 좌절되면서 일본은 대전 기간의 전쟁 비용 지출을 만회하기가 어려워졌다. 또 전쟁을 치르기 위해 중화학공업에 과도하게 투자한 결과 산업 불균형도 심해졌다. 이것이 원인이 되어 1920년대부터 만성적인 경제 불황이 시작되었다. 경제 불황을 극복하기 위해 군비 지출을 줄이고 산업 구조 조정을 하려는 세력과 이에 반대하는 군부 및 군산복합체의 갈등이 심각해졌다.

1926년 즉위한 쇼와 덴노는 군부에 기울어진 인물로 1925년 황태자로 섭정을 하며 치안유지법을 만들어 일본 민주주의를 탄압한 악명 높은 파시스트였다. 덴노가 군부에 기울어진 상태에서 1929년 대공황과 세계적인 군축 협상은 군부의 힘을 더욱 강화시켰다. 온건파의 어떠한 노력도 일본 경제를 구하지 못하는 속에서 마침내 1936년 2·26사변을 계기로 군부가 확고한 주도권을 잡았고, 1937년 중일전쟁을 일으키며 일본을 태평양전쟁으로 이어지는 8년간의 장기 전면전의 수렁에 빠뜨렸다.

일본 연합함대 사령관 야마모토가 "미국과 싸운다면 6개월 정도는 설쳐댈 수 있습니다만……."이라고 말했듯, 일본은 미국과 전쟁을 시작한지 6개월 만에 수세에 몰렸다. 조기 종전을 주장하는 야마모토의 주장은 육군 강경파에 거부당하고, 그나마 1943년 야마모토가 전사하면서 전쟁은 걷잡을 수 없는 방향으로 흘러갔다. 군부는 객관적으로 정세를 읽는 능력을 상실하고 전쟁의 정당성과 서구 문명의 야만성, 그리고 국민과 관료의 무능만을 이야기했다. 마침내 1945년 4월 독일이 패망하자 덴노와 국체 수호를 위한 본토 결전 1억 전원 옥쇄가 결의되었다.

하지만 반대로 패전 관리에 대한 목소리도 높아졌다. 덴노 역시 패전의 기운 속에서 자신의 지위를 걱정하기 시작했다. 덴노에 대한 일체 면죄부를 핵심으로 하는 종전 협상 및 전쟁을 계속하자는 강경파들을 견제할 대안을 짜기 위해 스즈키 내각을 출범시켰다. 그러자 군부 강경파 도조 등은 군사정권 수립을 위한 쿠데타를 공공연히 선동했다. 이 속에서 결국 8월 10일 오전, 어전회의에서 덴노가 항복 협상을 결정하였다. 이제 일본은 항복할 때까지 항복을 거부하는 군부의 쿠데타를 저지하기 위한 숨 가쁜 5일간의 노력만이 남았다.

영화의 중심에는 군부 강경파를 대표했지만 덴노의 성단(聖斷)[22]에 따라 쿠데타를 막아야 하는 아나미 육군대신이 있다. 아나미는 항복 결정 이후에도 계속 조건부 항복을 내걸고 군부의 단결을 강조하면서 쿠데타 시도를 막았다. 쿠데타를 준비하던 육군성 장교들도 아나미를 믿고 당장은 자제하고 있었다. 하지만 아나미를 제외하고는 완전히 명령 체계가 무너져 영관급 장교들이 독자적으로 지휘부의 명의를 도용해 전쟁 발표를 할 정도로 혼란스러웠다. 그리고 14일 아침이 밝았다.

14일 아침 아나미는 어전회의를 앞두고 헌병사령관 등에게 쿠데타를 막기 위한 만반의 대비를 지시한다. 지휘관들은 허탈해하며 패전 책임을 지고 자결할 것에 대한 이야기를 나누었다. "배를 찌르면 많이 아프겠지?"라는 말이 오갈 정도였다.

마침내 11시 덴노가 이른바 성단을 내려 항복을 결정하자 12시

---

22 성스러운 결단, 즉 덴노의 결정을 말한다. 항복파와 전쟁파가 대립하여 결론이 나지 않자 쇼와 덴노가 결단을 내려 항복하였고, 이를 성단이라 한다.

30분 아나미가 육군성 장교들에게 성단을 전달하고 명령 복종을 강조했다. 하지만 장교들은 강하게 반발했고 3시경부터 하타나카 등이 바쁘게 돌아다니며 근위사단 장교들에게 쿠데타를 설득하기 시작했다. 동조 장교들이 나오면서 상황은 급박하게 돌아갔다.

반면 5시로 예정된 덴노의 항복 선언 녹음은 선언문 조정으로 늦어지고 있었다. 육군은 패전의 책임을 군부에 돌리는 듯한 표현에 결사반대했고, 내각은 납득할 만한 항복 이유를 담기를 바랐다. 타협을 위해 항복 일을 하루 미루자는 이야기가 나오자 스즈키 총리는 "하루 늦을수록 소련이 다가온다. 소련군이 홋카이도에 들어오면 분단이다."라며 무조건 타협하라고 다그쳤다. 결국 군부의 책임에 대해 두루뭉술하게 표현한 항복 선언문이 10시 50분 통과되었고 11시 30분에 덴노가 항복 선언을 녹음하였다. 하지만 녹음 레코드는 군부 탈취에 대비, 덴노의 궁내에 보관했다.

8월 15일 1시 30분 그때까지 모은 장교들과 병력이 하타나카를 중심으로 봉기했다. 그들은 쿠데타에 반대하는 근위사단장을 사살하고 사단장 명령을 허위로 조작, 근위대 병력으로 방송국과 덴노궁 등을 장악하였다. 방송국에 레코드가 없는 것을 알고 2시부터 궁을 수색하기 시작했다. 덴노는 비밀 장소로 도주하고 시종들은 분산된 채 덴노를 찾아 우왕좌왕했다.

쿠데타가 성공하려면 동부군 사령부를 장악해야 하지만 사령부가 사단장 사살 소식을 전해듣고 상황을 먼저 장악하면서 쿠데타는 실패로 돌아갔다. 4시~5시 사이 반란군이 총리 관저를 습격, 총리를 살해하려 했으나 총리가 자리에 없어 실패했고, 5시에 반란군이 방송국에서 마지막 결전의 방송을 하려 했으나 방송국 기술자들이 기계를 모두 꺼버려서 그마저도 실패했다. 5시 30분경 반란군 장교들이 체포되고 주동 장교들이 자살하면서 쿠데타는 진압되었다.

항복에 대한 저항이 그것으로 끝난 것은 아니었다. 아나미 육군 대신은 측근 장교들에게 쿠데타 저지와 미래 일본의 부활을 부탁하고 15일 새벽 할복하였다. 영화에서는 아주 멋지게 그려지지만 그는 대륙 침략을 앞장서 주장하고 본토 결전을 끝까지 고집한 전범 중의 전범이었다. 덴노를 위해 항복에 동의한 것이지, 항복을 받아들인 것은 아니었다. 그렇게 어수선한 14일과 15일 오전이 지나고 마침내 덴노가 15일 정오 항복 선언을 한 것이다.

영화에서 우리가 주목해야 할 것은 바로 덴노이다. 시종일관 그는 일본을 위해 고민하는 자상한 지도자, 패전의 책임을 지고 국민을 살리려는 지도자로 그려진다. 영화 첫 부분, 스즈키에게 총리 자리를 덴노가 제안하자 스즈키가 귀가 먹어 총리가 어렵다고 거절한다. 그러자 덴노는 스즈키에게 가까이 다가가 다시 한 번 총리를 부탁한다. 보위에서 거만하게 명령하는 자가 아니라 몸을 낮춰 대신을 배려하고 경청하는 덴노이다.

덴노는 입헌군주제에서 개전과 종전의 결정 권한이 없다. 만약의 경우 덴노에 대한 책임을 회피하기 위한 장치였다. 그래서 처음 내각과 군부에서 항복과 관련한 회의를 할 때도 덴노는 당부의 말만 하고 자리를 떴다. 그런데 나가면서 아나미를 불렀다. 급히 아나미가 따라가자 조용히 덴노가 물었다.

"공습으로 도쿄제국호텔이 영업을 정지했다는데 결혼식은……."

아나미는 아들이 전사해서 딸의 결혼식을 도쿄제국호텔에서 성대하게 하여 위로받으려 했었다.

"급한 대로 군인회관에서……."

"요카타, 요카타(잘됐다, 잘됐다)……."

영화에서 덴노는 신료들의 사생활을 자상하게 챙기고 낮은 자세로 경청하고 백성들과 함께 배고픔을 나누지만, 결사항전을 주장하는 도조를 야단치고 성단을 내릴 정도로 과단성 있는 지도자이다. 이것이 바로 영화 속의 덴노이다.

실제로 일본은 8월 15일 항복을 "덴노의 은혜"라고 선전했다. 군부의 본토 결전을 막고 항복을 결단해서 1억 일본인의 생명을 구했다는 것, 그 속에서 일본인들은 덴노에 대한 사죄로 할복하거나, 덴노의 은혜에 보답하기 위해 열심히 노력해서 오늘의 일본 경제를 건설했다는 의식이 형성되었다. 전후 일본의 부활은 덴노의 덕이라는 이데올로기인 것이다. 2003년 일본 언론의 여론조사에 의하면 덴노에 대한 호감이나 존경을 가진 자들이 응답자의 60% 이상, 덴노제에 찬성하는 이가 80% 이상이었다. 21세기 일본의 덴노에 대한 인식은 이런 이데올로기 속에서 현재도 공고히 존재하는 것이다.

일제 침략은 덴노에 의해 이루어졌다. 덴노는 전범이며 일본은 덴노제가 폐지되지 않는 한 변하지 않는다. 그래서 일본 보수 우익은 1945년 8월 15일부터 덴노를 보호하기 위해 노력했고 지금

까지 성공해왔다. 8월 14일의 숨 가쁜 갈등은, 8월 15일이 끝이
아니라 또 다른 시작이었음을 잘 말해주고 있다.

# 3부. 1945-1953

# 1. 여운형, 그리고 건준의 '일일천하'

## 해방 공간에서 민주주의는 어떻게 좌절되었는가

**휘문고보의** 여운형. 1945년 8월 16일, 건준을 건설하며 여운형은 환호하는 인파 속에 새로운 조국의 앞날을 기약했다. 국민과 친근하게 인증샷을 찍는 문재인 대통령의 모습은 해방 당일에도 존재했다. 우리에게 독립은 민주주의의 시작이기도 했던 것이다.

사진은 1945년 8월 16일 휘문중학 운동장에서 열린 민중대회에서 여운형을 둘러싸고 환호하는 서울 시민들의 모습이다. 당시 휘문중학은 계동(지금의 현대그룹 빌딩 자리)에 있었는데 여운형이 건국준비위원회를 건설하고 집회를 이곳에서 개최하자 5,000여 명의 군중이 몰려들었다. 시민들은 여운형을 둘러싸고 만세를 불렀으며 이날 여운형은 전날엔도 정무총감과의 합의를 발표하고 국민들에게 건국 사업에 질서 있게 나서줄 것을 부탁하였다.

이날 총독부로부터 통치 권한을 이양받은 여운형과 건준은 권위적이지도 화려하지도 않았다. 여운형은 건준위원장으로서 실질적인 이 나라의 대통령에 해당하는 권력을 잡았지만 환호하는 국민들과 함께였으며 결코 거리를 두거나 삼엄한 경호를 받지 않았다. 또 한 사람의 건준 지도자 안재홍 역시 피골이 상접한 초췌한 모습으로 나타나 국민들에게 질서 있는 행동을 당부하였다.

여운형은 1905년 을사조약이 체결되자 국권회복운동에 나섰다. 상동교회에 들어가 훗날 무장투쟁의 지도자가 되는 이동녕, 무정부주의 지도자가 되는 이회영 등과 교유하였다. 한일병합 이후에는 만주의 신흥무관학교 등에서 활약하다 1914년 상하이로 건너가 영어를 공부하며 국제적 활동가로 발전하였다.

그는 발이 매우 넓은 활동가였다. 그의 광폭의 행보는 3·1운동에서 알 수 있는데, 민족자결주의 이후 해외 독립운동가들과 국내 독립운동가들을 연결하여 3·1운동과 임정을 준비하는 데 주도적 역할을 하였다. 그래서 3·1운동 당시 곳곳의 기록에서 상하이와 국내에서 동에 번쩍 서에 번쩍 하는 그를 볼 수 있다.

그런가 하면 중국에서는 쑨원과 관계를 맺었고 소련에서는 레닌과 담판하여 소련의 독립운동 지원을 받는 데 일조하였다. 또 1

차대전 종전 직후 파리강화회의에 김규식을 파견하여 우리 민족의 목소리를 전달했다. 그는 일본에서도 함부로 대할 수 없는 국제적 거물이 되었다.

이런 일화가 있다. 일제가 우리 독립운동가들을 일본으로 초청하였다. 일본이 얼마나 민주적이고 자유롭게 조선을 통치하는지 보여주자는 쇼였다. 그래서 아무도 가려 하지 않을 때, 여운형은 가겠다고 고집했다. 임정에서 말렸지만 뿌리치고 일본으로 건너갔다. 그리고 조선 독립을 역설했다.

> "일본이 만용을 부리고 3·1운동을 진압한 것은 흡사 〈타이타닉〉이 작은 빙산을 무시하고 지나가다 가라앉는 것과 같다."

> "한국인이 민족적 자각으로 자유와 평등을 요구하는 것은 신이 허락하는 바이다. 일본 정부는 이것을 방해할 무슨 권리가 있는가! …… 한국의 독립운동은 세계의 대세요, 신의 뜻이요, 한민족의 각성이다."

그의 일갈에 일본의 의도는 산산조각났고, 일본의 조선 지배를 비호하던 국제 세력은 머쓱해졌다.

그는 체육을 좋아하는 쾌남아였고 여성을 희롱하는 남자는 반드시 두들겨 패주는 협객이었다. 그리고 무엇보다 민주의식이 투철한 민족좌파였다. 처음 임정을 만들 때 국호 논쟁이 있었다. 임정이 국호를 대한제국이라 하자 여운형 등이 반발했다. 대한은 대한제국의 국호로서 망국의 책임이 있는 고종 정권을 계승한다는 의미였기 때문이다. 그는 국호를 조선으로 해서 새로운 민주국가를 수립해야 한다고 역설했다.

국내로 들어와서는 「조선중앙일보」 사장을 역임하며 독립 의식을 고취하다 일장기 말소 사건을 일으켰고, 조선체육회장을 지내는 등 민족의 실력을 양성하는 데 앞장섰다. 다른 한편으로는 임정이나 사회주의 계열의 독립동맹 등과 연락하면서 지하 독립운동도 추진하였다.

마침내 태평양전쟁이 일어나자 일제의 패망을 예측하고 독립정부 수립을 준비할 사람들을 모으기 시작하였는데, 바로 건국동맹이다. 국내 각지에서 7만여 명이 모인 건국동맹은 명망가에서 징병을 피해 산속으로 들어간 염윤구 같은 청년들까지 다양한 투사들을 총망라하고 있었다.

1945년 8월 14일, 총독부 경무총감 니시히로가 여운형을 급히 찾았다.

"내일 엔도 정무총감의 관저로 와주시오."

"무슨 이유요?"

"우리 일본이 망했소. 조선에 있는 80만 일본인의 생명이 당신에게 달려 있소."

8·15해방에 대해 '도둑같이 왔다'는 말이 있다. 준비하지 못한 상태에서 갑작스레 닥쳤다는 뜻이다. 하지만 그 말은 맞지 않다. 여운형의 건국동맹이 있었다. 건국동맹은 전국적인 조직망을 갖추고 있었고, 해방 그날부터 일사불란하게 움직였다.

다음 날인 8월 15일 오전 7시 50분경 여운형은 정무총감 엔도에게 다섯 가지 사항을 요구했다.[23] 핵심은 "건국을 위한 활동에 간섭하지 않을 것"이었다. 약속을 받아낸 여운형은 이날 오후 형무소에서 독립운동가들을 석방시키고 건국동맹을 정부 수립을 위한 건국준비위원회로 개편한 뒤 16일 휘문중학에서 그 내용을 발표하였다. 또 이날 오후부터 방송으로 건준 활동과 국민에 대한 당부를 방송하면서 정부의 역할을 시작했다.

이후 건준은 전국 도, 시, 군에 131개의 각급 인민위원회를 설치하였으며, 전국 162개소에 치안대 지부를 설치해 경찰을 대체했다. 서울에는 8월 16일 2,000여 명의 청년을 건국치안대로 조직하여 군대 및 경찰을 준비하였다.

이 때문에 당시 경찰서에서 근무하던 조선인 경찰 대부분(약 80%)이 달아나거나 추방당하였다. 당시 상황을 「뉴욕 타임즈」(9월 12일자)는 이렇게 전했다.

"8월 15일 이래 한인 35명이 일경에 의해 살해된 반면, 한인에 의해 살해된 일인은 단 한 명도 없었다."

건준이 완벽하게 치안을 장악하고 있었던 것이다.

하지만 건준의 통치는 불과 하루 만에 끝났다. 소련군과 미군의

---

23  당시 조선 총독은 아베 노부유키였다. 그는 일본 패전을 인정하지 않고 두문불출했다고 한다. 9월 9일 조선 총독부 항복 서명의 날이 다가오자 할복자살을 시도하였으나 실패했다. 총독부 관제에서 총독 다음의 2인자가 정무총감이다.

진주가 결정나자 17일 일본은 여운형과의 약속을 파기하고 군대를 동원하여 건준이 장악한 경찰서와 방송국을 빼앗았다. 9월 3일 박헌영이 공산당을 재건한 데 이어 4일에는 한민당이 창당되었다. 이들은 모두 여운형의 건준 사업을 반대하거나 적대시하였다. 9월 8일 남한에 들어온 미 군정도 건준을 인정하지 않았다.

한반도는 곧 냉전의 소용돌이에 휘말렸다. 1945년 12월 모스크바 3상회의에서 신탁통치안이 결정나자 우익과 좌익은 반탁과 찬탁으로 갈려 사생결단의 싸움에 들어갔다. 곳곳에서 유혈 충돌이 일어나고 임시정부 수립을 위해 개최된 미소공동위원회마저 결렬되었다. 이승만이 정읍 발언을 통해 분단을 제안하면서 한반도는 걷잡을 수 없는 수렁에 빠져 들어갔다.

여운형은 뜻있는 지사들을 모아 좌우합작위원회를 만들어 이념 대결을 지양하고 통일정부 수립을 위해 노력하자는 운동을 전개하였다. 이 운동은 미 군정의 지원까지 받았다. 하지만 민족보다 이념을 더 중시하는 세력들은 오히려 여운형을 적대시하였다. 여운형은 좌익에게는 혁명을 위한 단결을 저해하는 반동분자였고, 우익에게는 빨갱이였다.

여운형은 수많은 테러 위협에 시달렸다. 괴청년들이 둘러싸고 협박한 미미한 것까지 합하면 10회가 넘었다. 좌우합작위원회 주도로 좌우합작 7원칙을 합의한 1946년 10월 이후부터는 본격적으로 목숨을 노리는 테러가 자행되었다. 1947년 3월 17일 오전 1시에 여운형 집에서 다이너마이트가 폭발해 집이 박살났다. 다행히 여운형은 집에 없었다. 5월 12일 저녁 7시 30분에는 여운형이

탄 차에 권총 2발이 날아들었다.[24] 총탄은 다행히 빗나갔다. 그러나 운명의 7월 19일 오후 1시, 한지근이 쏜 총을 가슴에 맞고 끝내 소생하지 못했다. 한지근의 배후는 아직 밝혀지지 않았으나 임정 계열의 백의사, 또는 박헌영의 조선공산당 등 다양한 주장들이 있다.[25]

8월 16일 휘문중학에서 여운형은 이렇게 말했다.

"개인의 영웅주의는 단연 없애버리고 끝까지 집단적으로 일사불란하게 단결로 나아갑시다."

여운형은 유명한 정치인이나 카리스마적 지도자가 이끄는 과두제 정치보다 온 국민이 합심단결하는 민주정치의 신봉자였다. 그속에서 민족의 단결과 국민이 주인 되는 민주주의 독립조국을 건설하는 데 자신의 모든 것을 바쳤다. 그의 죽음과 좌절은 곧 한국 민주주의의 좌절이었고, 2017년 한국은 그토록 먼 길을 돌아 또다시 민주적 지도자를 만들 책무를 안게 된 것이다.

---

24 「동아일보」 1947년 5월 14일자. 인터넷에는 4월 3일이라고 하는 곳도 있으나 오류다.
25 1974년 공소시효가 만료된 후 여운형 암살에 가담했다며 김흥성, 김훈, 김영성, 유용호 4인이 자수하였다. 이들은 백의사 염동진으로부터 여운형이 빨갱이라는 말을 듣고 범행을 결심하였다고 진술했다. 그리고 염동진에게 이들을 소개한 이는 임정 행동대원 김영철이라고 했다.

# 2. 북한 건준의 거목, 패배하다

## 조만식과 김일성의 엇갈린 삶

**건준 평양** 책임자이자 북한 지역 새 조국 건설을 책임졌던 조만식은 소련에서 들어온 사회주의자 김일성과 조우했다. 여운형과 마찬가지로 조선의 자생적 민족좌파들은 냉전 속에 주도권을 잃었고, 결국 이승만과 김일성 중심의 분단으로 나아갔다.

1945년 10월 14일, 평양에서 7만여 명의 군중이 모인 가운데 조선해방축하집회가 열리고 '전설 속의 장군' 김일성이 나타났다. 하지만 그는 앳돼 보이는 청년이었다. 환영위원장이자 평양 건준 위원장인 조만식도 그의 젊음에 당황했다. 식사 자리에서 청년 김일성을 바라보는 조만식(맨 왼쪽 안경 쓴 이)의 시선에는 걱정과 애틋함이 뒤섞여 있었다. 하지만 불과 몇 달 뒤 김일성은 조만식을 제치고 북한의 지도자로 군림하게 되고, 조만식은 나락의 길로 떨어진다.

건국준비위원회를 건설하며 여운형은 평양건준 책임자로 조만식을 선임하였다. 1883년생으로 당시 62살이었던 조만식은 북한의 대표적 민족주의운동가였다. 1915년부터 신민회의 오산학교 교장으로 많은 독립운동가를 길러냈다. 훗날 북한 부수상에 오르는 최용건도 오산학교 출신으로 조만식의 소개로 독립군의 길을 걷다가 좌익 유격대가 된 사람이었다.

신사참배 거부 운동의 중심이 되는 산정현교회 장로였고 3·1운동, 물산장려운동에 이어 「조선일보」 사장을 역임하는 등 민족주의 독립운동의 핵심 지도자였다. 투철한 민족주의자였지만 독립을 위해 좌와 우를 가리지 않아서 여운형 등 민족좌파와도 긴밀히 협력하였다. 그렇기에 여운형의 건준 제안을 선뜻 받아들였던 것이다.

소련군은 이미 8월 9일 북한에 상륙하였으며 24일 평양에 입성하였고 25일 전 병력의 북한 배치를 완료했다. 소련군은 남한의 미군과 달리 건준과 인민위원회를 인정하고 파트너로 대접하였다.[26] 그래서 소련군정 사령관 치스차코프는 조만식을 중용하는 태

---

26  이를 소련과 미국이 처한 환경의 차이로 설명하기도 한다. 소련은 만주와 북한의 좌익들

도를 보였다. 8월 30일 구성된 북한 인민정치위원회도 조만식의 건준과 현준혁의 조선공산당이 동수로 구성되었으며 위원장은 조만식이 맡았다.

그러나 소련이 미는 북한의 지도자는 김일성이었다. 소련이 김일성을 선택한 이유에 대해서는 여러 가지 주장들이 있지만 확정된 것은 없다. 단지 김일성의 대중적 인지도, 동북항일연군 중심의 만주 빨치산 인맥, 88여단에서의 소련과의 관계 등이 복합적으로 작용했을 것이다. 상대적으로 조만식 같은 민족주의자, 중국 공산당과 연계된 독립동맹 김두봉, 소련이 부정적으로 평가한 국내 공산당 박헌영 등은 배제될 수밖에 없었을 것이다.

김일성은 본명이 김성주로 평양에서 태어나 만주로 이주한 뒤 빨치산 활동을 했다. 김일성은 이때 붙인 별명인데 일성은 우리말 '한별'로 인기 있는 별명이었다. 1930년대 만주에서 중국과 조선의 빨치산들이 연합하여 동북항일연군을 만들었는데 1사부터 6사까지 여러 부대가 있었고, 김일성은 6사 사장이었다. 이 6사가 1937년 보천보를 습격했고 이 사건이 「동아일보」에 대서특필되면서 김일성은 유명한 인물이 되었다.

일제 강점기 어린 시절을 보낸 최정호 교수는 당시 사정을 "우리들 식민지 아이들이 알고 있던 독립운동의 영웅이 있었다면 오직 한 사람 김일성 장군이었다."라고 설명했다. 충남 예산 출신인

---

로부터 북한에 대한 정보를 충분히 입수했고 건준에 대한 우호적 여론도 청취하고 있었다. 반면 미국은 남한의 실정을 알려줄 충분한 정보 제공자들이 부족했고 그나마 이들이 건준에 대한 부정적 의견을 제공했다.

필자의 아버지도 어린 시절 김일성 장군 전설을 들었다고 말해주었다. 김일성에 대한 관심만큼 언론의 오보나 일본의 잘못된 발표도 많아 매우 혼란스러웠는데 이런 환경이 김일성의 전설을 더욱 부추겼을 것이다.

해방 이후 김일성의 최대 강점은 이런 높은 인지도였다. 1945년 10월 남한의 우익 잡지 「선구」에서 실시한 조선의 지도적 인물 여론조사에서 김일성은 여운형, 이승만, 김구, 박헌영, 이관술에 이어 6위를 차지했다. 김구가 18%, 김일성이 9%였으니 어느 정도의 인지도였는지 비교 가능할 것이다.

하지만 인지도가 모든 것을 말해주는 것은 아니었다. 해방 이후 건국의 지도자가 되려면 그에 걸맞은 능력을 보여야 했다. 김일성에게는 불리한 점도 많았다. 예를 들어 1945년 9월 20일 작성한 소련 지도자 스탈린의 지시사항에 따르면 북한에 부르주아 민주주의 정권을 수립하는 것이 적절하다고 했다. 부르주아 민주주의는 자본주의 정부를 의미하므로 민족주의자들을 포괄한 정부로서, 소련은 북한을 중세적 농업 사회로 보고 사회주의 정부 수립은 시기상조라고 보았는데, 이는 청년 사회주의자 김일성에게 불리한 것이었다.

조만식의 존재도 김일성에게 불리했다. 조만식은 민족주의 정치 세력의 강력한 지도자였다. 11월에 조선민주당을 창당하였는데 당원이 김일성측 추산으로도 30만 명이 넘었다. 한때 소련이 새로 수립될 정부의 대통령을 제안할 정도로 정치적 위상도 높았다. 김일성과도 관계가 나쁘지 않았다. 당시 김일성은 국내 공산당이나 중국공산당과 연계한 독립동맹 세력과의 대결로 조만식이 필요했다. 조만식의 제자이자 김일성의 동북항일연군 동지인 최용건은 조선민주당 부위원장으로 양측을 중재하고 있었다.[27] 결국 좌우연립정부 수반은 조만식이 유력해 보였다.

그런데 결정적으로 조만식에게 위기가 닥쳤다. 그것은 신탁통치 문제였다. 소련은 모스크바 3상회의 결정을 토대로 한반도에 친소 정부를 수립하고자 했고 따라서 3상회의 결정 반대를 용납할 수 없었다. 하지만 조만식은 신탁통치 반대를 굽히지 않았다. 결국 소련은 1946년 1월 5일 조만식을 연금했으며 조선민주당도 최용건의 손에 들어가면서 김일성의 정당으로 변모하였다.

이 무렵 김일성에게는 북한 장악을 위한 획기적인 프로젝트가 있었다. 바로 농지개혁이었다. 이미 18세기 실학자들에 의해 제기되었고 동학농민운동에서 폭발한 농지개혁 요구는 한반도를 봉건시대에서 근대로 발전시킬 결정적 경제개혁이었다. 하지만 일제는 한반도를 농업기지로 삼기 위해 오히려 지주 소작인 제도를 강화하였고 해방 이후에도 남한에서는 지주 중심의 한민당 등이 농지개혁을 격렬히 반대하였다. 만약 농지개혁을 북한에서 단행한다면 결정적인 근대적 개혁인데다 국민의 70% 이상이 소작인에서 해방되는 엄청난 변화의 태풍이 몰아닥친다. 더군다나 지주 대부분

---

27 1945년 환영대회에서 조만식이 김일성에게 "허연 수염의 노장군인 줄 알았소."라고 말하며 견제했다는 일화가 있다. 하지만 일부에서는 이를 조작으로 본다. 조만식이 이 말을 했는지 확인이 어렵고, 북한 지역 독립운동 거물인 조만식이 만주의 독립군 사정을 몰랐을 리 없다는 이유이다. 김일성이 20대라는 이야기는 해방 전에도 유포되어 있었다.

이 친일파여서 친일파 처단이라는 부수적 효과까지 얻는 것이다.

그 파괴적 영향력 때문에 남한에서는 북한의 농지개혁을 결사적으로 반대했다. 민심의 무게추가 순식간에 북한으로 기울면서 오히려 분단 가능성이 높아진다는 이유였다. 실제로 이미 소련의 공산당 통치를 피해 지주들과 친일파들이 월남하고 있었다. 여운형 등이 밀사를 보내 김일성을 만류했다는 이야기도 있다.

하지만 김일성은 1946년 3월 이른바 민주개혁을 단행하였다. 농지개혁과 친일파 처단이라는 민족적 과제를 북한이 먼저 해치워버린 것이다. 이로써 남과 북은 다른 세상이 되었고 북에서 김일성의 지지는 확고해진 반면, 남은 더욱 더 혼란에 빠져들 수밖에 없었다. 남한은 개혁에 반대하는 세력의 마지막 보루처럼 되었다. 그래서 실질적인 분단의 시작은 6월 이승만의 정읍 발언이 아니라 3월 김일성의 농지개혁이라고 보는 학자들도 있다.

김일성의 권력이 확고해지면서 조만식은 연금 상태에서 풀려나지 못했다. 1946년 9월 여운형이 북한에 가서 조만식의 석방을 요구했지만 받아들여지지 않았다. 이후 조만식의 행방은 알려지지 않았으며 여러 가지 가설이 존재할 뿐이다. 현재까지는 1991년 소련으로 망명한 북한 고위급 인사들이 "한국전쟁 당시 후퇴하던 인민군이 조만식을 총살했다."라고 증언한 것을 정설로 받아들이고 있으며, 이에 따라 그해 11월 조만식 선생을 현충원에 안장하였다.

김일성은 농지개혁 이후 북한에 대한 지배력을 공고히 하였다. 그는 자신을 민족적 지도자로 내세우면서 가능한 한 사회주의라는 말을 하지 않았는데, 당시 우리 민족이 사회주의에 대해 잘 알지 못한다고 판단했기 때문이다. 이후 미 군정의 좌익 탄압과 친일 경찰의 독립운동가 탄압으로 많은 민족좌파 인사들이 월북하면서 김일성의 입지가 계속 강화되었다. 당시 월북 인사들 중에는 한국 사회경제사학의 백남운이나 의열단의 김원봉, 여운형의 유족 등 많은 민족좌파들이 있었다. 하지만 그러한 입지 강화는 원래 조만식과 건준의 몫이 아니었나 싶다.

조만식의 좌절은 북한 건준의 좌절이나 마찬가지였다. 결국 남한 건준이든 북한 건준이든 군정과의 관계와 상관없이 이데올로기에 따른 남북 지배체제 강화 속에 통일독립국가 수립에 실패하고 말았다. 김일성을 물끄러미 바라보는 병중의 조만식 얼굴에 서린 근심은 결국 분단과 함께 현실화되고 말았던 것이다.

# 3. 냉전의 시대, '통일'보다 '반공'이 힘이 셌다

미국을 등에 업은 이승만 vs 푸대접 당한 임정과 김구

**맥아더의** 전용기로 귀국하고, 맥아더로부터 '임시 대통령'으로 약속받은 이승만, 동아시아의 제왕으로 군림하며 군 통수권자인 대통령의 명령도 듣지 않았던 맥아더가 만들고 싶어 한 반공의 제국은 이승만과 함께였다.

"당시 조선에서 제일 높은 사람이 미 군정 사령관 하지 장군이다. 이 사람이 이승만을 게걸음으로 안내하였다. 이승만이 자리에 앉았는데 옆에 하지 장군이 부동자세로 서 있으니까 이승만이 'Sit down, please.' 하니까, 'Thank you, sir.' 하더라." (문제안 당시 중앙방송 기자, KBS 다큐 '한국사전' 이승만 2부)

1945년 10월 16일 오후 귀국한 이승만은 17일 오전 10시 하지의 안내를 받으며 군정청 회의실에서 기자회견을 가졌다. 그날을 전하는 이들은 한결같이 하지의 극진한 대접을 화제로 올렸다. 20일에는 서울 시민 주최로 연합군 환영대회가 열려 5만여 군중이 모였는데, 사실상 이승만 환영대회나 다름없었다. 이날 하지는 이렇게 말했다.

"나는 조선이 영구히 자유로운 나라가 되기를 희망한다. 그런데 이 자유와 해방을 위하여 일생 바쳐 해외에서 싸운 분이 계시다. 그분이 지금 우리 앞에 계시다. …… 이 성대한 환영회도 위대한 조선의 지도자를 맞이하기에는 부족하다." (「매일신보」 1945년 10월 20일자)

하지는 이승만이 외출할 때 순종이 쓰던 리무진을 내주었고 경호를 책임졌으며, 자신의 부관 스미스 중위를 이승만의 임시 전속 부관으로 임명하였다. 하지가 이승만을 개인적으로 흠모했기 때문일까? 1945년 10월 14일자 맥아더 메모는 이승만을 '임시 대통령(provisional president)'으로 칭하고 있다. 친미 정부를 수립하는 데 이승만을 가장 적합한 지도자로 생각하고 있었던 것이다.

처음부터 미국이 이승만을 새 나라의 지도자로 생각했는지는 명확하지 않다. 초기에는 서재필도 유력한 지도자 후보로 언급되었다. 서재필은 이승만이 독립협회 회원이던 시절에 독립협회 회장과 「독립신문」 사장을 지낸 대선배였다. 하지만 이승만의 적극적 노력과 임시정부 대통령 출신이라는 점이 점점 그를 독보적 존재로 만들었다.

사실 이승만은 인지도에서 다른 지도자들에 비해 앞서 있었다. 1945년 9월 7일 여운형의 건준이 정부 조직인 인민공화국(약칭 인공)의 내각 조직을 발표했을 때 대통령에 해당하는 주석으로 이승만을 추대했다. 이승만 귀국 직전에 했을 것으로 추정되는 우익 잡지 「선구」 10월호 조선 지도자 여론조사에서도 1위를 차지한 여운형(33%)에 이어 2위(21%)를 기록했다.

게다가 하지가 이승만에게 보인 극진함은 미국과의 관계가 절실한 남한 정치인들이 더욱 이승만에게 목매게 했다. 한민당이나 인공(건준)은 당연하거니와 심지어 좌익에서도 "노혁명가의 귀국"(「해방일보」)이라고 크게 보도하며 그를 영입하려고 경쟁하였다. 그러나 이승만의 결정적 장점은 친미 우익이라는 점이었다. 이승만은 좌익을 혐오하였고 미국 주도의 세계질서를 당연하게 생각했다. 따라서 민족을 위해 좌우가 손을 잡아야 한다거나 미소간 중립을 지켜야 한다는 것은 있을 수 없었다. 이는 냉전이라는 국제정세 속에서 미국에게 가장 중요한 덕목이었다. 이승만도 자신의 지도자적 지위를 흔들지 않는 한 철저하게 미국과 협력하였다.

그런 모습이 가장 잘 드러난 것이 1946년 초의 모습이었다. 모스크바 3상회의 결과에 따라 신탁통치 문제가 불거지자 모든 우익은 일제히 반탁투쟁에 나섰다. 처음에는 이승만도 반탁투쟁을 적극 전개하여 미 군정이 반가택연금을 하기도 했다. 하지만 곧 김구의 반미적 반탁운동에 우려를 표하더니 1946년 6월 그 유명한 정읍 발언을 통해 남한만의 단독정부 수립을 주장하였다.

확고한 반공 정부를 수립하려면 분단도 불사해야 한다는 그의 주장은 한민당 등 우익 조직의 지지를 받았다. 미국은 처음에는 모스크바 3상회의 결정을 흔드는 이승만을 견제하려고 했지만 냉전의 강화 속에서 이승만으로 점점 기울었다. 이승만도 자신의 구상을 미국으로부터 지지받기 위하여 적극적인 활동에 나섰다. 당시 좌우합작운동을 지원하던 하지를 공산주의자로 비판하면서 직접 미국으로 건너가 자신의 분단 구상을 설파하였다.

이승만에게 결정적인 도움을 준 것은 맥아더로 대표되는 미국 극우파들, 그리고 냉전이라는 국제 정세였다. 당시 도쿄에서 "백인 덴노"로 군림하던 맥아더는 동아시아를 소련과 싸우는 반공 성전의 요새로 만들고자 중국 장제스, 일본 우익 등과 함께 친미 반소가 명확한 이승만을 지지했다. 이승만이 귀국할 때 타고 온 비행기도 맥아더의 전용기 바탄(BATAAN)이었다. 그리고 맥아더의 배후에는 미국 복음교회로 대표되는 강경 우익들이 있었다. 훗날 매카시 선풍을 일으켜 미국 전역을 '빨갱이 사냥터'로 만든 세력 중 하나였다.

맥아더보다 더 큰 힘을 발휘했던 건 냉전이었다. 동유럽 공산화로 동서냉전이 걷잡을 수 없이 악화되자[28] 1947년 3월 미국은 트루먼 독트린과 마셜 플랜을 발표하였다. 유럽 공산화를 막기 위해 반공을 조건으로 경제 원조를 제공하겠다는 가장 강력한 미국의 반소 반공 정책이었다. 트루먼 독트린은 2차 미소공위 등 기존의 미소 대화를 모두 무위로 돌렸고 한반도에서도 통일보다 반공이 확고한 우위를 갖도록 했다. 이승만의 분단을 통한 반공이 확고한 국제적 지지를 받는 계기가 된 것이다.

이승만은 대한민국 정부 수립과 초대 대통령 자리를 위하여 치밀하게 움직였다. 현실 정치에서 가장 중요한 것은 정치자금과 조직인데 이승만은 철저하게 이 두 가지를 장악하고 있었다. 먼저 정치헌금을 지원해줄 많은 후원자들을 거느리고 있었다. 가장 대표적인 것이 대한경제보국회로 이들은 월 1,000만 원 수준의 정치자금을 제공했다. 당시 남성 노동자들의 일당이 61원 정도였으니, 오늘날로 치면 매달 수십 억 원 이상의 정치자금이 이승만의 주머니로 흘러들어간 셈이다. 이외에도 이승만이 거처를 이화장으로 옮길 때 그 집을 살 비용을 마련해준 33명의 후원인 등 그때그때 후원하는 이들도 많았다. 문제는 이 정도의 후원을 해줄 재력을 갖춘 이들 중에는 친일파들이 많았다는 점이다. 이에 대해 "대금을 쾌척할 사람들이 어떤 계급에 속하는 어떤 인물들일 것도

---

28 2차대전 당시 유럽의 많은 우파들이 나치에 부역하였다. 나치 부역자 숙청은 곧 우파의 위축과 좌파 정부 수립으로 이어졌다. 나치 부역자의 범위 설정과 그 처벌의 방법은 미소간 주요 쟁점이 되었고, 냉전 심화의 원인이 동유럽 공산화인지 마셜 플랜인지는 지금까지도 논쟁거리다.

짐작할 만하다."는 비판이 있었다.[29]

이승만은 풍부한 자금을 바탕으로 광범위한 조직을 운영했다. 사설정보기관(KDRK)을 운영하여 국내외의 정보를 폭넓게 수집했는데 이승만의 최대 강점으로 정보망을 꼽는 학자들도 있다. 또 청년 조직들도 운영하였다. 해방 이후 취업난으로 많은 청년들이 청년단체에 가입하여 활동했는데 그 후원금이 정치인들 몫이었다. 이들은 일당 수백 원을 받고 우익 집회에 동원되곤 했는데 이승만이나 김구를 후원자로 굳게 믿었다. 예를 들어 전국학련 이철승은 "이승만의 지령이었기에 무서울 것이 없었다."라고 회고했다. 그리고 청년 조직은 다시 경찰과 연결되었다. 군정 경무부장 조병옥은 이승만의 심복 중 심복으로 친일 경찰 재등용과 제주 4·3 강경 진압 등을 청년 조직 등과 함께 주도하였다.

1947년 미국에까지 날아가서 단정 수립에 대한 국제 여론을 일으키던 중 마침내 유엔에서 단독 선거 결정이 나자 이승만은 모든 것이 이루어진 듯 보였다. 하지만 그의 앞길에는 마지막 난관이 기다리고 있었다. 김구의 반대와 국민의 반대였다. 그동안 이승만에 대한 절대 지지를 내세우며 단정에 모호한 입장을 취하던 김구는 유엔 소총회 결정 이후 결정적으로 돌아섰다. 또 제주에서

---

29 당시 정치자금과 친일파의 문제는 이승만의 문제만은 아니었다. 김구가 귀국한 뒤 머문 경교장을 제공한 이는 대표적 친일 기업인 최창학이었다. 김일성이나 박헌영도 친일파의 자금 후원을 마냥 거절하지는 못했다고 한다. 이 때문에 친일파 처단이 선별적으로 이루어진다는 비판이 일었다. 하지만 이승만의 정치자금은 다른 정치인들에 비해 규모가 달랐다.

단정에 반대하는 민심이 폭발하여 4·3항쟁이 일어났다. 4·3은 대규모 병력 투입에도 불구하고 1949년까지도 진압되지 않았다.

하지만 김구도 4·3도, 남한 단독 정부 수립을 막지는 못했다. 미 군정은 5·10총선 성사를 위해 계엄을 방불케 하는 경계 태세를 보였고 100만이나 된다는 향보단이 선거를 감시했다. 살벌한 분위기였지만 노골적인 부정선거는 아니어서 한민당이 대거 낙선하고 무소속이 다수 당선되는 뜻밖의 결과가 나왔다.

이승만은 무소속과 자신의 친위 조직인 독립촉성중앙협의회(독촉)를 중심으로 제헌 국회를 운영하여 헌법을 제정하고 대통령에 선출된 후 내각을 조직하였다. 21명의 장관급 인사 가운데 한민당 인사는 1명뿐일 정도로 철저한 이승만 내각이었다. 한민당과 그 기관지 「동아일보」가 이승만과 결별하고 야당의 길을 걸으면서 여야 정당정치도 시작되었다.

1948년 8월 15일 역사적인 대한민국 정부 수립 기념식이 열렸다. 맥아더가 일본에서 날아와 이승만을 껴안았다. 이승만은 독립투사들에 대한 감사 대신 맥아더와 미군에 대한 감사의 말로 기념사를 장식했다. 이승만과 하지의 광화문 광장 기념사에서 시작한 역사가 이승만과 맥아더의 광화문 광장에서의 기념사로 마무리되었다. 그리고 한국은 분단과 친미와 반공이라는 복잡한 방정식의 숙제를 안고 그 역사를 시작하였다.

# 4. 4·3의 눈물

제주 인구 10%가 학살당한 참극

분단을 반대했던 제주 도민의 4·3항쟁은 초기에 봉기를 남로당이 주도하고 지도부 일부에 남로당원이 있었다는 이유로 좌익 폭동으로 매도당했다. 그리고 수많은 도민들이 학살당했다. 노무현 정부는 4·3을 항쟁으로 인정했지만, 박근혜 정부 들어 폄하하려는 시도가 있어 도민들의 가슴에 두 번 못을 박았다.

사진은 봉기가 일어난 지 한 달여 지난 1948년 5월에 처형을 기다리는 도민들을 찍은 것이다. 제주 4·3으로 수많은 민간인들이 학살되었다. 1998년 정권 교체 이후 4·3의 진상을 밝히려는 많은 시도가 있었고, 마침내 2004년 노무현 정부의 공식 사과와 2014년 박근혜 정부의 국가기념일 지정 등 국가적 재지정 작업이 이루어졌다.

이명박·박근혜 대통령은 추념식에 한 번도 참석하지 않았다. (대신 참석한 국무총리는 추념사에서 진상조사 요구에 대한 대답 없이 화해만을 강조해서 비판을 받았다.) 심지어 행자부에서 4·3 희생자 재심사를 추진해 물의를 일으켰으며 박근혜 정부가 추진한 국정교과서 역시 4·3을 축소 기술해 은폐 의도마저 보였다.[30] 우리에게 4·3은 무엇이며 어떤 교훈을 얻어야 하는 것일까? 여기에 대한 대답은 일부 보수의 4·3에 대한 태도에 대한 답도 될 것이다. 1948년 4월 3일 남로당 제주도당이 주도하는 무장대 200여 명이 봉기를 일으켜 관공서를 습격하고 경찰 등을 살상하였다. 중앙당의 지시 없이 제주도당이 독자적으로 일으킨 무장봉기는 정치적으로 단독 선거 반대였지만 실제로는 지난 1년 동안 경찰과 우익 단체가 저지른 무차별 테러 때문이었다. 1947년 3·1절 기념 시위에 경찰이 발포하여 사상자가 난 후 제주도는 무차별 연행, 고문 살상, 도민 저항의 악순환이 되풀이되고 있었다. 특히 우익단체의 백색 테러가 사태를 악화시켰다. 제주도당은 이에 대한 도민들의 불만을 무장봉기에 적합한

---

30  기존 검정교과서는 제주 4·3을 원인-발생-경과-청산 등으로 기술하였다. 본문에서 10줄 미만으로 설명하고 따로 박스에서 보충 설명과 관련 사진을 실었다. 반면 국정교과서(현장검토본)는 본문에서 7줄 정도로 설명했으며 박스나 사진 등은 없다.

정세로 인식하였던 것이다.

제주 주둔 9연대는 4·3봉기를 도민과 경찰 및 우익단체의 대결로 인식했다. 9연대장 김익렬 대령은 일본 육군 출신 친일 경력자로 좌익에 치우칠 인물이 아니었다. 그는 4월 28일 무장대 총책 김달삼과 담판을 벌여 3개항에 합의하고 무장봉기를 중지시켰다. 하지만 5월 1일 오라리에서 무장대가 방화하고 경찰 가족 등을 학살했다는 보고가 올라오면서 협상이 깨졌다.

오라리 방화사건은 경찰의 자작극으로 알려져 있다. 당시 오라리 사람들의 증언에 따르면 경찰과 청년단원들이 무장대 관련자로 지목된 인물을 죽이고 집에 불을 질렀다는 것이다. 무장대의 소행으로 증언한 사람이 오라리 사람이 아니라는 증언도 나왔다. 김익렬 대령 역시 훗날 경찰의 자작극이라고 증언하며 제주도에서 있었던 일련의 사건들에 대한 책임 추궁을 면하기 위해 경찰이 사건을 확대하려 했다고 그 배경을 밝혔다.

이후 제주 4·3은 엄청난 대학살극으로 발전했다. 김익렬 대령이 경찰의 실책을 지적하자 조병옥 경무부장은 김익렬이 좌익이라며 폭도 완전 소탕을 주장하였다. 5·10총선을 성공적으로 치르고 한반도에서 철수하려던 미국은 제주 4·3을 확실히 진압해야 한다고 생각하고 김익렬을 경질했다. 새로 9연대장에 부임한 박진경 중령은 일본 육군 출신으로 "제주도민 30만을 희생시키는 한이 있어도" 폭도를 소탕하겠다며 강경 진압을 선언했다. 그가 무차별 진압 작전을 전개하자 부하 일부가 반발하여 문상길 중위, 손선호 하사 등이 그를 살해했다. 그러자 일본군 준위 출신 송요

찬 등이 새로 연대장에 임명되어 진압에 나섰다. 이후 미군 작전 명 '레드 헌트', 말 그대로 사람 '사냥'이 시작되었다. 민간인 학살의 실태를 보여주는 대표 사례 몇 가지만 들어보자.

- 마을의 노인 한 명을 엎드리게 한 뒤 젊은 여자 한 사람을 나오게 해 등에 태웠다. 토벌대는 "이게 바로 빨갱이들이 하는 짓이다."라고 소리친 후 둘 모두 사살하였다.
- 민간인 학살을 피해 산으로 이형욱 씨가 들어가자 토벌대는 그의 아내를 대신 죽였다. 이를 대살(代殺)이라 한다.
- 동광리 마을 사람들이 민간인 학살을 피해 동굴로 피신하자 토벌대가 괜찮다며 나오라고 했다. 나간 사람들은 모두 학살당했다.
- 토벌 사실을 보도한 「경향신문」 제주지사장 현인하, 「서울신문」 제주지사장 이상희, 「제주신보」 편집국장 모두 처형당하였다.
- 2연대는 의귀리에서 무장대를 공격, 96명을 사살했다고 보고했다. 그러나 현지 주민들은 무장대원 16명이 죽었으며, 나머지 80명은 토벌대가 초등학교에 수용되어 있던 피난민 80명을 즉결처형한 것을 전과에 포함한 것이라고 증언했다.

초토화 작전은 참혹했다. 160여 마을 중 130여 마을에서 학살이 일어났고 당시 제주도 인구의 10%인 3만여 명이 학살당했다. 희생자 중 1만 3,000여 명을 대상으로 조사해본 결과 여성이

21%, 10살 이하 어린이가 5.6%, 61살 이상 노인이 6.2%나 되었다. 일반적으로 알려진 희생자 3만여 명에 대입하면 6,000여 명의 여성, 1,500명 이상의 아이, 2,000여 명의 노인이 학살당하였다. 왜 이런 무차별 학살이 이루어진 것일까?

두 가지를 생각해볼 수 있다. 하나는 일본이 중일전쟁 이후 점령지에서 행한 학살이다. 일본은 중국에서 이른바 삼광작전[태우고 죽이고 약탈한다(燒光·殺光·搶光)]을 전개하였다. 동남아시아에서도 마찬가지였는데 대표적으로 싱가포르에서 적성(敵性) 증거가 뚜렷한 중국인 근절을 위해 민간인 5,000명 이상을 무차별 학살하였다. 이 적성분자 학살에는 "어린이와 여자도 모두 죽여라."라는 명령이 포함되어 있었다. 박진경, 송요찬 같은 일본 장교 출신들이 토벌을 지휘한 점에 비추어 황군의 잔학성이 제주도에서 부활했을 것으로 볼 수 있다.

다른 하나는 '빨갱이 사냥'의 본질이다. 중국국민당은 공산당 토벌 당시 민간인을 무차별 학살하였는데 이는 훗날 중국 공산화의 양대 원인(지배층의 부패와 민심 이반) 중 하나로 꼽혔다. 당시 중국국민당이 민간인을 학살한 이유는 지주제를 지키기 위해서였다. 그래서 국민당은 공산당이 아니어도 농지개혁을 바라는 소작인들을 모두 잠재적인 적으로 규정하고 학살했다. 4·3 당시 강력 토벌을 주장한 한민당과 경무부장 조병옥이 지주를 지지기반으로 했다는 측면에서 유사한 점을 알 수 있다.

결국 4·3의 진실은 좌익 폭동과 그 진압의 문제가 아닌 것이다. 노인 등 위에 여자를 태우고 기어가게 하며 "빨갱이들은 이렇게 한다."라고 말하고는 총으로 쏴서 죽였다는 증언에서 빨갱이의 이미지가 계급투쟁이 아니라 패륜임을 읽을 수 있다. 그런데 빨갱이에 대한 증오와 패륜은 어떤 관계가 있을까?

일제 강점기는 남존여비, 장유유서, 주종관계 같은 봉건적 상하관계가 일제 지배를 위해 강력하게 유지되었다. 그런데 사회주의는 성별, 나이, 신분의 평등을 주장했다. 따라서 연장자 남성 지주들은 사회주의자의 일차 공격 대상이었고, 이들 역시 사회주의에 적대적이었다. 남성 지주들에게 평등은 기존의 질서를 뒤엎는 '패륜'이었으며 사회주의와 동의어였다.

문제는 남녀차별이나 주종관계는 사회주의뿐만 아니라 자본주의에서도 청산되어야 할 봉건 폐습이라는 것이다. 따라서 봉건적 질서를 지키려는 노력은 자본주의, 민주주의의 일반적 가치까지도 사회주의로 간주하고, 소탕해야 할 적, '빨갱이'의 범위도 넓혔던 것이다. 당연히 학살이 광범위하게 일어날 수밖에 없다.

4·3으로 대표되는 극단적 빨갱이관은 자본주의의 자유와 민주적 가치마저 부정함으로써 한국에 파시즘이 정착할 토양을 마련했다. 그래서 정의의 목소리가 터져 나올 때마다 – 4·19, 유신 반대, 5·18, 최근의 광화문 촛불까지 – 항상 반대편에서는 빨갱이라는 목소리가 나왔다. 빨갱이는 사회주의자라는 의미에서 기성질서에 저항하는 개혁, 심지어 자유와 평등의 주장까지 광범위하게 포함하고 있었기 때문이다.

또 한국이 고도로 발전된 자본주의 사회임에도 불구하고 그 정신적 가치가 정착하는 것을 방해하여 오늘날 심각한 아노미 현상을 불러일으켰다. 경제 수준은 세계 10위권인데 남녀평등이나 복지수준은 세계 중하위권 수준에 머무르고, 이를 시정하려는 움직임에 아직도 빨갱이 운운하는 목소리가 존재한다. 이는 청년 실업이나 저출산과 직접적으로 연관되어 있다.

박근혜 정부에서 일부 보수 세력이 4·3을 폄하하려 했던 것도 마찬가지이다. 4·3은 기성질서를 개혁하려는 시도를 빨갱이로 규정하고 이를 억압하려는 시도였기 때문에, 이런 인식을 아직도 갖고 있는 세력은 4·3을 항쟁으로 인정할 수 없었던 것이다. 결국 기득권을 지키려는 일부 보수의 몸부림이 4·3을 폄하했다고 볼 수 있다.

하지만 역사의 도도한 흐름은 결코 부정할 수 없다. 박근혜 정부도 비록 대통령이 추념식에 참가하지 않았지만 2014년 4월 3일을 국가기념일로 지정함으로써 4·3 자체를 부정하지 않을 것임을 명확히 했다. 보수 일각에서 5·18을 매도해도 박근혜 대통령이 2013년 5·18기념식에 참석해 연설한 것과 같은 맥락이다. 그 서슬 퍼런 유신헌법도 무상교육을 기본정신으로[31] 천명하고 있는 것처럼 우리가 자유와 민주를 헌법의 기본으로 삼는 한 4·3항쟁을 폄하하려는 어떠한 시도, 자유와 평등을 빨갱이로 몰려는 어떠한 시도도 성공할 수 없다. 한국의 자유와 민주는 영원할 것이고, 앞으로 4·3이 능욕당하는 일은 결코 없을 것이다.

---

31 유신헌법 27조 2항 "모든 국민은 그 보호하는 자녀에게 적어도 초등교육과 법률이 정하는 교육을 받게 할 의무를 진다." 3항 "의무교육은 무상으로 한다."

# 5. 독립운동과 통일의 거목, 쓰러지다

김구 암살과 단독 정부 수립

김구와 임정 계열 정치인들이 분단을 반대하며 5·10총선과 단독 정부 수립에 참가를 거부하자 이승만 정부는 위기에 빠졌다. 결국 안두희가 김구를 암살했다. 안두희가 쏜 총알은 김구의 뺨을 관통해 창을 뚫고 나갔다. 그것은 통일을 바라는 국민의 마음에 구멍을 뚫은 것이었다.

"우리가 기다리던 해방은 우리 국토를 양분하였으며 앞으로는 그것을 영원히 양국의 영토로 만들 위험성을 내포하고 있다."

김구의 경고는 아직도 생생하게 살아 있다.

사진은 김구 암살 직후 김구를 관통한 총알이 뚫고 나간 창과 그 밖에서 통곡하는 민중들의 모습이다. 김구 장례식은 10일 동안 국민장으로 치러졌으며 100만 명 이상이 조문하고 수십만 명이 장례식에 참가하였다. 김구는 분단 전후 남측의 통일 염원을 대변했고, 그 죽음은 통일에 대한 절망의 시작이었기에 민중의 슬픔은 깊고 한스러웠다.

1945년 11월 김구와 임정이 개인 자격으로 귀국한 이래 2년 동안 보여준 모습은 실망스러웠고 오늘날까지도 많은 비판을 받고 있다. 김구와 임정세력이 주축이 된 한독당은 해방 전 보여준 폭넓은 좌우 통합보다는 한독당의 헤게모니에 집착하는 폐쇄적 정치세력의 전형적 모습이었다. 그래서 지주 세력을 기반으로 하는 한민당이나 미국을 배경으로 하는 이승만의 틈새에서 이렇다 할 정치력을 보이지 못했다.

이 시기 가장 큰 김구의 실책은 반탁운동에 지나치게 집착한 것이었다. 신탁통치는 미국이 제안한 것을 소련이 수락한 것으로 모스크바 3상회의 결정사항 중 하나였다. 일찍이 카이로 선언과 포츠담 선언에서 연합국은 적당한 시기에 한국을 독립시키기로 약속하였고, 이를 구체적으로 논의하기 위하여 1945년 12월 모스크바에서 미영소 3국 외상회의가 열렸다. 12월 28일 발표한 결정사항은 다음 세 가지였다.

1. 임시정부를 수립한다.
2. 임시정부 수립을 위해 미소 공동위원회를 개최한다.
3. 4개국 신탁통치는 5년 이내로 하며 임시정부와 협의하여

결정한다.

그런데 이 결정사항이 우리에게는 4개국이 5년 동안 신탁통치를 하며 이는 소련이 한반도 공산화를 위해 주장한 것으로 미국은 반대했다고 알려졌다.

신탁통치 내용에 분노한 우익 진영의 총궐기가 29일부터 폭발했다. 특히 김구는 국민들에게 모든 것을 한독당과 임정에 맡기고 반탁투쟁에 총력을 기울일 것을 주장하였다. 좌익이 3상 결정 사항은 임시정부 수립이 핵심이라며 3상 결정을 지지하자 이를 찬탁으로 규정하고 매국노로 규정하였다. 이로써 독립운동의 방법론에 지나지 않던 좌익과 우익의 갈등이 애국과 매국, 아군과 적군의 개념으로 발전하였다. 아무리 외세가 분단하려 해도 우리가 단결하면 불가능하다. 그러니 결국 찬탁-반탁 갈등이 분단의 실질적인 시작이었던 셈이다. 김구는 이승만과 보조를 맞추며 1947년까지 반탁투쟁을 주도했다. 1947년 6·23반탁 데모를 주도한 전국학련 이철승에게 남이 장군의 유명한 시 "남아 이십세에 나라를 평정하지 못하면……."이라는 시를 주며 치하하기도 했다.

이승만과 한민당은 1946년 5월 1차 미소공위가 결렬되자 6월부터 남한만의 단독 정부 수립을 주장하기 시작했다. 바로 그 유명한 정읍 발언이다.[32] 하지만 김구는 이승만의 단정 주장에 별다

---

32 "우리는 남방만이라도 임시정부 또는 위원회 같은 것을 조직하여 38 이북에서 소련이
    철퇴하도록 세계 공론에 호소하여야 할 것이니 여러분도 결심해야 할 것이다."

른 이견을 보이지 않았다. 6월 11일 김구는 "우리는 죽음으로써 이승만 박사께 복종하기를 맹세합시다."라고 외쳤다. 김구는 1947년에도 이승만과 큰 틀에서는 의견이 같다고 말했다. 이에 대해 여러 가지 가설과 주장들이 있지만 큰 흐름에서 보면 김구가 상황을 낙관하고 있었다고 생각할 수 있겠다. 당시 많은 이들이 실제로 분단까지는 가지 않고 극적인 타협을 기대하고 있었다. 실제로 유엔에서 처음 제안한 것은 유엔 감시하 남북한 총선을 통한 통일정부 수립이기도 했다.

유엔이 소총회에서 남한만의 총선과 정부 수립을 결정하자 김구는 비로소 단정 반대 입장을 명확히 했다. 이에 한민당이나 이승만은 김구를 설득하려는 움직임을 별로 보이지 않았는데, 정부 수립이 구체화되면서 김구의 한독당과 경쟁 관계에 들어갔기 때문으로 보인다. 대표적으로 장덕수가 암살되고 김구가 배후로 몰릴 때 이승만이나 한민당은 전혀 도와주지 않았고, 이에 김구는 큰 배신감을 느꼈다.

김구는 '3천만 동포에게 읍고함'이라는 글을 발표하며 단정 수립에 반대하고 통일을 위해 목숨을 바치겠다는 각오를 밝혔다.

"마음속의 38선이 무너지고야 땅 위의 38선도 철폐될 수 있다. …… 나는 통일된 조국을 건설하려다가 38선을 베고 쓰러질지언정 일신의 구차한 안일을 취하여 단독 정부를 세우는 데는 협력하지 아니하겠다."

그리고 1948년 북측 연안파 지도자 김두봉에게 남북 지도자 회의를 제안하였다. 김두봉은 김구가 충칭 임정 시절(1940~1945) 좌우 연합을 위해 긴밀히 접촉했던 옌안 독립동맹 주석이었다. 북은 남북 제 정당 사회단체 대표자 연석회의를 제안해왔다. 양측은 밀사를 보내 서로 이견을 조정하여 4월 마침내 평양에서 남북협상을 하기로 합의하였다.

김구의 남북협상에 대한 내외의 비난과 냉소는 엄청났다. 미 군정은 김구가 착각하고 있다고 비판했고, 이승만은 대세를 모른다고 비판했다. 일부 학생단체가 몰려와 김구의 집인 경교장을 막고 길에 드러눕기도 했다. 북에서는 "살인강도단 두목 이승만 김구"라는 포스터가 아직도 붙어 있었다. 하지만 김구는 석탄 투입구로 기어들어가 경교장 후원으로 빠져 비서와 아들만을 데리고 북행길에 올랐다.

김구는 화려하지만 포장만 번지르르한 대회는 원치 않았다. 그는 김일성과 담판을 원했고, 마침내 김구, 김규식, 김일성, 김두봉 4자 회담이 열렸다. 이 회의에서 남북 선거를 통한 통일정부 수립, 단정 반대, 외국군 철수, 남북의 통일에 반대하는 모든 무질서 행위 금지 등을 합의했다. 학계에서는 이를 현재 평화통일의 3대 원칙인 자주, 평화, 민족 대단결의 원형으로 높이 평가하고 있다. 결국 김구의 남북협상은 오늘날 남북대화와 평화통일의 기초를 닦은 것이다.

그러나 남북협상은 분단을 막지는 못했다. 그러기에는 너무 늦었고, 남과 북 모두 이미 정부 수립을 위한 만반의 태세를 갖추고 있었다. 김구는 북이 제안한 2차 남북협상을 거부하고 남한 단정 수립 참여도 거부하였다. 1948년 5월 10일 열린 남한 총선은 한독당 등이 불참한 가운데 어수선하게 치러졌다.

5·10총선 결과 한민당이 참패하고 무소속이 약진하였다. 이에 이승만은 사실상 한민당과 결별하고 무소속과 자신의 친위 세력을 중심으로 정부를 수립하였다. 그리고 반대파에 대한 잔혹한 숙청이 시작되었다. 제주 4·3에서 시작한 "아군이 아니면 모두 적이고 빨갱이"라는 논리가 10월 18일 여순 사건[33]을 계기로 육지에 상륙하였다. 1948년 12월 1일 국가보안법이 공포되어 1949년 1년 동안 무려 11만 명이 좌익 혐의로 체포되었다. 국회가 반민특위를 가동하여 친일파 처벌을 시도하였으나 정부는 이들을 빨갱이로 규정했다. 반민특위 위원이던 국회의원들이 남로당 프락치로 몰려 투옥되었고 반민특위 활동을 하던 다른 사람들도 빨갱이라고 핍박받았다. 통영에서 활동하던 반민특위 조사원 김종철(전 의열단원)은 한국전쟁 때 빨갱이로 몰려 학살당했다.

이승만 정부의 "적은 모두 빨갱이"라는 분위기에서 김구가 무사하기 어려웠다. 일찍이 남북협상 당시 "김구를 크렘린 궁의 한 신자라고 규정하지 아니할 수 없음"(한민당 관계자들)이라고 비판한 데 이어 여순 사건이 일어나자 사건 발생 사흘째인 10월 21일 국무총리 겸 국방장관 이범석은 "이 사건은 정권욕에 눈이 어두운

---

33 제주 진압을 위해 여수에서 대기 중이던 14연대가 일으킨 반란 사건. 이 사건으로 2,600여 명이 학살당했는데, 이 중에는 무고한 양민도 많았다고 파악된다.

몰락한 극우 정객이 공산당과 결탁해서 벌인 정치적 음모"라고 비난했다. "대통령은 신성이다. 절대로 순응하라. (친일파) 처단을 주장하는 놈은 공산당의 주구다."라는 주장이 버젓이 경찰 묵인 하에 뿌려지는 세상에서 이승만과 친일파에 반기를 든 독립운동 의 거두 김구가 어찌 무사할 수 있겠는가?

반민특위가 습격당하고 특위 위원이 줄줄이 간첩으로 잡혀가던 6월, 그 26일 아침에 김구는 자신을 찾아온 육군, 이른바 안두희 가 쏜 총에 얼굴을 맞고 절명했다. 안두희는 체포되어 무기징역을 선고받았지만 곧 풀려나 현역으로 복귀한 뒤 예편해서 사업가로 승승장구했다. 김구 암살 배후에 대해 많은 가설이 있었지만 진상 은 밝혀지지 않았다. 그의 장례식은 수많은 국민의 애도 속에 치 러졌지만 임정과 한독당은 재기하지 못하고 뿔뿔이 흩어졌다.

# 6. 이승만의 거짓말, 이승만의 오만

한강 다리가 끊어져 고립된 서울 시민과 무책임한 정부

이승만은 서울 사수를 외쳤다. 언론에서는 국군이 반격을 가해 북진 중이라고 했다. 하지만 도둑놈처럼 이승만은 도망쳤고 피난민이 몰리던 한강 인도교는 폭파되었다. 수많은 서울 시민이 고립되었고 병원에서 치료받던 국군 부상병들이 포로로 끌려갔다. 시인 김수영은 고립된 서울에서 북한군에 끌려가다 탈출했지만 인민군복을 입고 있었다는 이유로 1953년까지 거제도 포로수용소에 수감되었다. 그들을 고통 속으로 몰아넣은 사람들 중 누가 책임을 졌는가?

사진은 끊어진 한강 인도교이다. 1950년 6월 28일 급작스럽게 인도교가 끊어지면서 한강 이북의 수많은 서울 시민과 국군 부상병들은 고스란히 북의 손에 들어갔다. 남은 서울 시민들은 북한을 지지해서 남은 것이 아니라 이승만의 결전 의지를 믿었기 때문이다.

'국군 정예 북상 총반격전 전개'

1950년 6월 27일 「동아일보」 1면 표제이다. 보도에 따르면 국
군은 반격을 가해 38선 이북의 해주시를 점령하였으며 북한군은
붕괴했다는 것이다. 또 27일 저녁 10시부터 이승만 특별 담화가
방송되었는데 "정부는 대통령 이하 전원이 평상시와 같이 중앙청
에서 집무하고 국회도 수도 서울을 사수하기로 결정하였으
며……."라는 내용이었다.

하지만 많은 이들이 신문과 방송을 믿지 않았다. 북한군 포격
소리가 서울을 울리고 있었고 이승만과 정부도 이미 대전으로 떠
난 뒤였다. 임진왜란 때 선조가 아무에게도 알리지 않고 새벽에
부랴부랴 피난을 갔던 일이 358년 만에 재현된 것이다. 임진왜란
때처럼 한양 사람들이 궁에 불을 지르지는 않았지만 북에서 내려
오는 피난민들 때문에 서울 시민들도 눈치 채고 피난 보따리를
싸서 그날 저녁 한강 인도교로 몰려들었다. 그런 와중에 6월 28일
새벽 2시 30분경 인도교가 폭파되었다. 인도교 주변의 수많은 피
난민들이 다리와 함께 산화했다. 최소 500명 이상이 죽었을 것으
로 추정된다.

분단 직후부터 남과 북은 서로 으르렁거리기 시작했고, 북의 남

침 의사는 확고했다. 김일성은 1949년 신년사에서 "머지않은 장래에 전국적 통일과 완전 자주독립 국가를 쟁취할 수 있는 기초와 조건들을 갖추어놓았다. …… 국토의 완정(完整)과 자주독립 국가를 위한 거족적 투쟁에 총궐기하자."라고 주장했다. 그리고 중국 국공내전에 참전했던 과거 조선의용군 등 풍부한 실전 경험의 수만 군대를 중심으로 인민군을 조직했다. 소련으로부터 탱크와 야크기 등 최신 무기들도 도입하였다. 김일성이 직접 스탈린과 마오쩌둥을 만나 전쟁을 논의하고 돌아왔다.

남한은 이 사실을 몰랐을까? 김일성의 '완정' 의지는 공식 발언이었다. 1949년부터 남로당 좌익들을 검거하면 1, 2년 안에 세상이 바뀐다고 큰소리를 쳤다고 한다. 북한이 1950년 6월에 남침한다는 구체적 정보도 있었다. 임진왜란 당시 왜의 '정명가도(征明假道)'처럼 남침은 공공연한 이야기였다.

하지만 이승만은 전쟁 준비를 하지 못했다. 일생을 미국과의 외교에 쏟아부었지만 정작 위기 상황에서 미국의 도움은 끌어내지 못했다. 1950년 1월 미국 하원은 한국에 대한 경제 원조를 부결시켰다. 이승만 정부의 무기 원조 요구도 거부했다. 이승만 정부가 무모하고 부패해서 무기를 주면 북침하거나 일부 부패한 군인들이 북에 무기를 팔지도 모른다는 정서가 있었다. 애치슨 선언으로 유명한 애치슨은 이승만 정부의 호전성에 대한 우려를 언급하기도 했다.

위기 상황에서 이승만은 오히려 북침을 호언장담했다. 그는 외신 기자들 앞에서 "우리는 실지(북한)를 회복할 수 있다.", "3일 안

에 평양을 점령할 수 있다." 등의 발언을 했다. 가장 극적인 발언
은 1949년 10월의 기자회견에서였다.

"한국은 앞으로 장기간 남북 분열을 용인하지 않을 것이다.
우리가 전쟁으로써 이 사태를 해결해야 할 때는 필요한 모든
전투는 우리가 행할 것이다. …… 우리는 공산주의를 저지하
기 위한 가능한 모든 일을 할 것이다."

국방장관 신성모도 이에 화답하며 "모든 준비가 다 되어 있다.
명령만 기다리고 있다.", "하루 안에 평양이나 원산을 점령할 수
있다."라고 떠들었다. 국민들이 전쟁 준비가 되어 있다고 믿지 않
을 수 있었을까?

1949년 38선에서는 크고 작은 무력 충돌이 있었다. 1년 동안
충돌 횟수는 1,000회에 가까웠다. 1949년 8월에는 옹진반도에서
연대 단위 병력이 충돌하여 양측 수백 명의 사상자가 나기도 했
다. 현지 지휘관들이 독자적으로 전투하고 사후 보고하는 경우도
있었는데 정부가 문책하지 않았다고 한다. 양측 지도자들의 호언
장담 속에 전쟁의 기운이 무르익고 있었던 것이다.

마침내 1950년 6월 25일 북한군이 전면 남침하였다. 당시 국군
은 전혀 대비가 되어 있지 않았다. 대규모 군 인사이동으로 지휘
관들의 부대 장악이나 실정 파악이 불완전했고, 25일은 일요일이
라 많은 장병들이 외출했으며 일부 전방 군 지휘관들은 서울에서
열린 파티에 참석했다. 너무나도 방비가 없었기에 지금도 일부에

서는 남침유도설을 주장할 정도이다.

전쟁이 나자 정부도 군대도 우왕좌왕했다. 현지 지휘관들은 북한군에 맞서 싸웠지만 탱크에 맞설 중화기가 없었다. 오직 춘천에서만 지리적 이점을 이용하여 북한군을 저지하였다. 하지만 육본이나 국방부는 전황 파악도 하지 못하고 있었다. 신성모 국방장관은 6월 27일 새벽까지 전황에 대해 모른다고 대답했다. 정부가 할 수 있는 일은 맥아더에게 미군을 애걸하는 일뿐이었다.

그러면서도 국민에게 진실을 알리거나 피난을 권하지 않았다. 27일까지 승전하고 있다고 떠들더니, 정부가 서울을 사수할 것이라 방송하고, 한강 인도교에 피난민이 몰리자 급히 인도교를 폭파하였다. 정부는 피난에 정신이 없었다. 이승만은 대구까지 피난 갔다가 너무 내려갔다는 권고에 대전으로 다시 올라오는 해프닝을 벌였다. 대전의 성남장에 머물던 각료들이 인민군이 내려온다는 소문을 듣고 전주로 도망쳤다가 오보임을 알고 다시 대전으로 돌아오자 성남장 주인이 퇴거를 요구했다는 성남장 사건이 당시 정부의 꼴을 웅변하고 있다.

서울에 남은 시민과 군인들은 고스란히 북한군 손아귀에 들어갔다. 그들은 북한 점령 하에서 숱한 고초를 겪었다. 전쟁 전에만 해도 멋진 양복에 노란 스웨터를 받쳐 입고 혼자 생각에 잠겨 탐정소설 주인공 같았다는 시인 김수영도 그랬다. 피난을 가지 못하고 남아 있다가 좌익 작가들의 눈에 띠어 이런저런 모임에 끌려다녔다. 순수시인이자 한때 친하게 지냈던 오장환이 문화공작대로 내려온 것은 당시 서울 문학가들에게 큰 충격을 주었다. 카프에서 활동하다 친일파로 전향한 김기진(김팔봉)이 인민재판에서 산송장이 되다시피 폭행을 당한 것도 그랬다.

정치인들도 마찬가지였다. 전 내무장관 등 전직 각료와 60여 명의 국회의원들도 미처 피난을 가지 못했다. 이들은 북한의 체제 선전에 동원되었다. 서울대 교수였던 김성칠은 당시 일기에서 "대한민국 내무부 장관을 지냈다는 김효석의 그 지나치게 비굴하고 치사스러운" 방송에 비판을 가하고, 또 대한청년단 간부가 붉은 완장을 차고 공산당 찬양을 하는 모습을 비판하기도 했다. 하지만 그럴 수밖에 없는 측면이 있었다.

> "청년 몇 사람을 끌어다놓고 인민군들이 군중을 향하여 '이 사람이 반동분자요 아니요?' …… 두말없이 현장에서 총을 쏘아 죽이는데……." (김성칠, 『역사 앞에서』, 창비, 2009, 7월 5일자)

생과 사의 갈림길에서 그들의 선택지는 많지 않았고 좌익과 우익은 평범한 사람들에게 그리 익숙한 가치관은 아니었던 것이다.

그리고 얼마 후 국군의 반격과 북진이 시작되고 서울이 수복되었다. 이때 서울의 수많은 이들이 북한에 끌려갔다. 김수영도 인민군으로 끌려갔다. 하지만 그는 동족상잔에 총을 들 생각이 없어 탈출했고 국군의 품에 안겼다. 그런데 문제는 인민군복을 입은 채였다. 국군은 그를 인민군 포로로 거제도에 수용했다. 남도 북도 아닌 혼란은 포로수용소도 마찬가지였다. 밤마다 반공과 친북 포로들이 싸우는 속에서 김수영은 점점 실존감을 잃어갔다. 실존을

되찾으려 고통스레 몸부림치던 그는 생이빨을 뽑기 시작했다. 고통으로라도 자신의 존재를 느끼고 싶었던 것이다. 그는 훗날 반공포로 석방 때 풀려나 서울로 돌아왔다.

국군이 서울로 들어온 후 정부는 그동안 공산치하에서 고통받은 사람들을 위로하기는커녕 공산당 부역자를 색출하기 시작했다. 정부의 서울 사수를 믿지 않고 남쪽으로 피난 간 '도강파'는 애국자가 되고, 서울에 남은 '잔류파'는 빨갱이 혐의를 뒤집어썼다. 친일파들의 "왜놈들이 위협하는데 어쩔 수 없었소."라는 말에는 그토록 관대하던 정부가 "인민군의 위협에 어쩔 수 없었소."라는 말에는 어떠한 관용도 베풀지 않았다. 수백 명이 사형판결을 받고 처형당하였다.

선조는 일본의 정명가도를 외면하다 임진왜란이 일어나자 창졸간에 도성을 버리고 의주까지 도망갔다. 그리고 전쟁이 끝난 후 오직 명군의 도움으로 일본을 물리쳤다며 재조지은(再造之恩)을 외치고 정작 전쟁에 공을 세운 장군들은 제대로 포상하지 않았다. 역사는 되풀이되는가? 이승만도 전쟁 준비 없이 사흘 만에 수도를 잃고 부산으로 도망갔다가 오직 미국 덕에 나라를 구했다며 고통받은 국민들은 외면했다. 대국민 사과를 하라는 국회의원들의 요구에 "내가 왜 사과를 해?"라며 어떤 책임도 지지 않으려 한 대통령의 그 무책임한 태도는 분단의 또 하나의 모습이자 이후 전개될 정치 상황을 예고하기에 충분한 것이었다.

# 7. 패전국의 승리, 승전국의 패배

샌프란시스코 강화조약이 대한민국에 미친 영향

한국전쟁이 한창일 무렵, 미국과 일본은 2차대전 종전 협정
인 샌프란시스코 강화조약을 체결하였다. 그 조약에는 독도도,
한국의 2차대전 참전에 따른 지위도 모두 삭제되었다. "일본 외교
의 승리", 그것은 한국전쟁이 불러온 한국 외교의 최대 참사였다.

사진은 샌프란시스코 강화조약의 주역 미 국무부 고문 존 덜레스와 일
본 총리 겸 외무상 요시다 시게루가 만나 대화하는 장면이다. 왼편은 덜
레스 미 국무부 고문, 가운데는 시볼트 주일 미국 대사, 오른쪽은 일본
의 총리 겸 외무상 요시다 시게루이다. 냉전을 주도하던 트루먼 행정부
와 일본의 부활을 꿈꾸던 요시다는 한국전쟁이라는 호재를 맞아 향후
60년 이상 오늘날까지 이어지고 있는 미일동맹과 동아시아 방위체제를
구축하였는데, 그 결정적 계기가 샌프란시스코 강화조약이었다.

2차대전 전후 처리에 대해 미국은 유럽과 아시아를 분리해서 정책을 만들었다. 유럽은 독일 분단을 포함한 철저한 응징이 주목적이었다. 이는 영국과 프랑스 등 군건한 동맹국들의 요구를 받아들인 것이었다. 반면 일본을 제외하고 동맹국이 존재하지 않는 동아시아에서는 일본을 동맹국으로 부활시키려 했다. 그래서 처음부터 일본에 대한 유화정책이 중심을 잡고 있었다.

'백인 덴노' 맥아더는 쇼와 덴노를 적극 방어했다.[34] 그는 덴노의 영향력을 빌어 일본을 확고한 친미 반공의 기지로 삼고 싶어 했다. 그래서 기존 군국주의 시절의 통치 조직과 관료들을 최대한 존속시켰다. 단지 군국주의의 부활을 막기 위해 미국식 민주주의 제도를 도입했다. 덴노의 격하, 군대 해체, 각종 민주적 제도 도입, 전범 처벌 등을 시행하였다. 이런 배경에서 만들어진 것이 바로 평화헌법으로, 상징 천황제, 전쟁 포기 등의 내용을 담았다. 이후 일본의 보수와 진보의 역사는 평화헌법 개정과 유지를 둘러싼 투쟁의 역사라고 해도 과언이 아니다.

---

34 "덴노의 신체를 파괴하고 이를 통해 덴노제를 폐지하려는 악질적인 기도는 국민회복의 달성을 방해하는 최대의 위험 가운데 하나이다. 덴노제의 존속은 나의 변함없는 목적이다." (맥아더가 법학자 다카야나기 겐조에게 보낸 편지)

1949년 10월 중국이 공산화되자 일본의 중요성이 더욱 부각되었다. 일본은 사회주의의 서태평양 지역 진출을 막을 마지노선이었다. 미일은 미국의 일본 점령 상태를 종식하고 새로운 서태평양 지역 방위체제를 구축하기 위해 태평양전쟁 종전 협정을 서둘러 체결해야 한다고 생각했다. 단지 미군의 일본 주둔과 전쟁 피해 배상 같은 문제가 골칫거리였다.

1950년 6월 한국전쟁이 일어나면서 미일동맹은 더욱 중요해졌다. 미군이 일본 기지를 발판으로 한반도에 투입되었고, 일본 군수공장에서 만든 무기로 공산군과 싸웠다. 기뢰 제거 같은 위험한 작업을 일본이 용역을 받아 처리하기도 했다. 사실상 일본의 참전이었다. 마침내 1950년 9월 한국전쟁 발발 3개월 만에 강화조약 체결을 위한 본격적인 준비 작업이 시작되었다. 공산군의 침략을 눈앞에서 목격한 일본이 오키나와 등 주일 미군기지 설치를 용인하면서 협상의 걸림돌 중 하나인 미군의 일본 주둔이 해결되었다.

샌프란시스코에서 열릴 강화회의에 54개국이 초청을 받았다. 덜레스는 처음에는 한국 참가에 적극적이었다. 이승만 대통령도 덜레스를 만나 임시정부가 2차대전에 참전했으므로 참전국 자격으로 강화회의에 참가해야 한다고 주장했다. 하지만 미국은 한국을 초청하지 않았다. 가장 큰 이유는 배상 문제였다. 요시다는 만약 한국이 서명국가가 되면 100만 명이나 되는 재일한국인들이 청구권을 행사하게 된다고 주장했다. 영국도 반대했다. 한국이 서명국에 참가할 경우 중국의 참가 문제도 발생한다는 것이다. 미국은 공산 중국이 아니라 타이완을 합법정부로 인정했기 때문에 여러 가지 복잡한 문제가 발생할 수 있었다. 결국 한국과 중국은 일본의 최대 피해국임에도 강화회의에 초청받지 못했다.

식민지 배상 청구권은 피해국가에게 중요한 자금이었다. 전쟁으로 많은 것이 파괴되고 많은 인명이 죽은 폐허 위에 독립과 해방을 얻었기 때문에 경제 복구가 절실했다. 그러나 미국과 일본에게 청구권은 일본 경제 부활의 걸림돌이었다. 미국은 일본이 전쟁 이전의 경제력을 회복해 미국 대신 소련과 중국의 서태평양 진출을 막아주기를 원했다. 그래서 미국이 재무장을 요구하고, 경제 회복을 원하는 일본 경제계가 반대하는 촌극까지 연출되었다.[35]

결국 한국은 배제되었다. 이승만 정부는 뒤늦게 강화회의에 초청받지 못했음을 알고 항의했지만 미국의 대답은 이러했다.

"미국은 임시정부를 승인하지 않았고 한국은 미국이 인정하
  는 참전국도 아니다."

한국전쟁이 미군에 의해 진행되고 이승만이 의지하는 맥아더와 미국 보수 우익이 바로 강화회의의 강력한 지지 세력인 만큼 돌이킬 여지는 없었다.

1951년 9월 4일 샌프란시스코 오페라하우스에서 강화회의가 시작되었다. 인도는 초청받았지만 참가하지 않고 대신 미국이 주

---

34  이 결과로 만들어진 것이 일본 자위대이다. 일본은 전쟁의 권한만 없을 뿐 세계 군사력
    7위(2017년 Global Firepower 발표)의 군사 강국이다. 한국은 12위, 북한은 23위이다.

도한 강화회의를 격렬히 비난하였다. 유고도 마찬가지였다. 참가국 중에는 친미 정부라는 이유로 초청받은 나라도 있었다. 전쟁 당시 존재하지도 않았던 파키스탄(1947년 독립)은 과거 인도의 일부였다고 해서 초청받았다. 베트남은 과거 일본 지배에 협조한 세력이 대표로 참가했다.

회의가 시작되자 미국은 참가국들에게 전쟁 책임에 대한 용서와 배상 포기를 강요했다. 하지만 몇몇 나라들이 격렬하게 반대했다. 네덜란드는 네덜란드령 인도네시아 등에서 자국민에게 행한 일본의 만행에 대해 반드시 배상을 받겠다고 주장했다. 필리핀 외무장관은 "말로 우리의 상처를 갚을 수는 없다."라고 항의했다. 결국 몇몇 배상과 관련한 조항들을 넣기는 했지만 만족할 만한 배상은 불가능한 것이었다.

1951년 9월 8일 샌프란시스코 강화조약이 체결되었다. 49개국이 사인한 이 조약으로 일본이 저지른 죄악들은 공식적으로는 사면되었다. 일본에게 피해를 입은 국가들 대부분이 미국의 강압으로 울며 겨자 먹기로 청구권을 포기하거나 소액의 배상금만 받고 물러났다. 중국 배상 문제는 타이완이 미국의 요구에 따라 배상을 포기하며 마무리되었다. 요시다 총리는 한국전쟁을 "신의 선물"이라더니 강화조약을 "일본 외교의 승리"라고 기뻐했다. 이제 일본에게 남은 것은 그로부터 20년 뒤 만끽하게 될 세계 경제 2위의 풍요였다.

한국은 샌프란시스코 강화조약으로 인해 가장 큰 손해를 입은 국가이다. 일본은 이 조약에서 울릉도, 제주도, 거문도를 포함한 한반도의 영유권을 포기한다는 조항을 통과시킴으로써 독도에 대한 영유권을 주장할 수 있는 단서를 마련하였다.[36] 또 청구권을 광범위하게 포기하는 조항으로 인해 한국은 식민지 및 전쟁 피해 배상을 받을 기회가 축소되었다.

이승만 정부는 대일 청구권에 강한 의지를 보였다. 경제 개발을 위한 자금이기도 했지만 청구권 포기는 일생을 반일 독립운동에 바친 이승만의 삶 자체를 부정하는 것이었다. 하지만 한국이 미일동맹의 하위 파트너라는 점에서 이승만의 반일은 모순이었다. 친미는 필연적으로 친일이었다. 친미와 반공만이 살 길이라고 분단까지 불사했지만 미일동맹을 축으로 한국전쟁을 치르는 판국에 미국의 의지를 거스를 수 없었다. 그저 할 수 있는 일은 한일 국교 정상화를 거부하는 것뿐이었다. 하지만 그것도 미국의 한미일 삼각동맹 구상 의지와 충돌하며 정권의 취약성과 경제의 어려움만 가중시킬 뿐이었다. 일본을 염두에 두지 않은 이승만의 친미반공 정책은 지속적으로 자충수가 되었다.

결국 샌프란시스코 강화조약은 미국의 동아시아 정책의 완성판이자 이승만 외교 정책의 파산 선고였다. 그로 인하여 우리는 1950년대 정치 및 경제 불안뿐만 아니라 오늘날의 한일 관계에 이르기까지 혹독한 대가를 치러야 했다.

---

35 처음에는 일본이 포기할 영유권 대상에 독도도 포함되어 있었다. 하지만 강화조약에는 독도가 명기되지 않았다. 일본은 이것이 독도에 대한 일본 영유권의 국제적 승인을 의미한다고 주장한다.

# 4부. 1953-1961

# 1. 망령된 왕조의 꿈

이승만 '탄신일'과 사사오입 개헌

**학생들이** 매스게임을 하고 의장대의 시범과 각종 합창과 연주, 3부 요인 및 외교 사절을 접견하고 창경원 무료 개방으로 5만 인파가 몰려들고……. 올림픽도, 정부 출범식도 아닌, 대통령 생일 축하 행사였고, 해마다 일어나는 일이었다.

이승만은 최초의 공화국 대통령이지만 왕과 대통령을 구분하지 못했다. 그것이 비극의 시작이었다.

사진은 1959년 이승만 생일 축하행사 당시 매스게임 사진이다. 지금은 북한에서나 볼 수 있는 행사이지만, 이승만 정부 때는 해마다 3월 26일에 볼 수 있었다. 왕이나 누릴 수 있는 국가 차원의 탄신일 기념 행사. 과연 이승만은 왕을 꿈꾸었을까?

"이 대통령 탄신일을 임시공휴일로 결정"(『경향신문』, 1959년 3월 18
일자)"이 대통령의 제84회 탄신일을 맞은 26일 - 이날을 축복하는
경축식은 오전 10시 30분부터 서울운동장 야구장에서 내외 귀빈
다수와 약 2만 명을 헤아리는 남녀 학생 및 시민들이 참집한 가
운데 성대히 거행되었다."(『동아일보』 1959년 3월 26일자)

이승만은 대통령에 취임하면서부터 생일 축하 행사를 국가적으
로 했다. 1949년 3월 26일자 『동아일보』가 소개한 생일 축하 기
념행사를 보면, 세종로의 육해군 열병식, 경복궁 근정전의 생일
축하 기념회, 대통령 관저에서 초중고 학생 대표 100여 명의 문예
발표회, 관공서 및 학교의 생신 기념식수 행사 등이 마련되었다.

이승만은 한국전쟁이 한창일 때도 생일 축하 행사를 규모를 축
소하여 지속했다. 1952년에는 부산 임시국회의사당 앞뜰에서 정
부 요인 등 수천 명이 모인 가운데 축하식을 거행하였으며[37] 1953
년에는 서울 경무대에서 부산의 국회의원 및 정부 요인들이 상경
하고 미군 장성들 및 외교관들까지 초청하여 기념식을 거행하였

---

37 『동아일보』 1952년 3월 27일자. "백학아 깃들고 서운아 내려라, 어제 이 대통령 탄신 축
    하 성대 거행"

다. 전국 모든 가정집에서 국기를 게양하였으며 관공서와 학교에서 기념식수 행사도 가졌다.

이승만 생일 기념 행사는 1955년 80회 생일부터 더욱 화려하고 웅장하게 거행되었다. 이승만 동상 건립 공사를 시작하고 학교에 이승만의 '존영'이 걸렸다. 성동원두[38]에 수만 명의 인파가 운집한 가운데 성대한 기념식이 열리고 이어 세종로에서 국군 분열식을 거행하였다. 야간통금이 2시간 단축되어 국민에게 밤 시간을 선물하기도 했고, 기념우표가 발매되었다. 남한산성에는 이승만 장수를 기원하는 이 대통령 송수탑(頌壽塔)이 들어서기도 했다. 4월에는 안익태가 25년 만에 귀국하여 생일 기념으로 「코리아 환상곡」을 연주하고 한국 최초로 문화훈장을 받기도 했다.

1956년부터는 임시공휴일로 지정하여 1960년까지 이어졌다. 노인들에게 빵을 무료로 나눠주는가 하면, 심지어 죄수 특별가석방까지 했다. 이제 이승만 탄신일은 국경일 중에서도 가장 큰 국경일이 되었다. 이름만 대통령일 뿐 그는 왕조시대의 왕이나 다름없었다.

생일은 한 단면에 지나지 않는다. 정말 이승만의 왕 같은 행각은 정치에서 드러났다. 이승만은 자신의 권력을 정당화하기 위해 북진통일을 내세웠다. 인조가 병자호란의 책임으로부터 자신의 왕위를 지키기 위해 북벌을 추진한 것처럼, 이승만 역시 분단과 전

---

38 성동원두는 이후 서울운동장으로 이름이 개칭되었고, 다시 동대문운동장에서 최근 동대문 역사문화공원으로 이름과 성격이 바뀌었다. 잠실주경기장 건립 이전 서울의 가장 대표적인 스타디움이었다.

쟁의 책임으로부터 권력을 지키는 최선의 방책으로 북진통일을 주장하였다. 이는 3년 동안의 전쟁으로 물질적 정신적으로 피폐할 대로 피폐해진 국민들에게 또 한 번의 고통을 안겨주는 것이었다.[39] 결국 북진통일 주장으로 대통령의 권력을 강화하고, 평화를 반국가적 주장으로 몰아 정치적 반대세력을 제거하는 데 이용하였다. 임진왜란 이후의 선조나 병자호란 이후의 인조와 너무나도 흡사하지 않은가? 이승만은 바로 왕조시대 왕권과 연관된 정치적 음모를 20세기에 적극적으로 활용했던 것이다.

이런 속에서 죽을 때까지 대통령을 하려 했는데, 이 모든 것이 하나로 축약되어 나타난 것이 사사오입 개헌이었다. 이미 전쟁 중인 1952년 대통령 재선을 위해 부산 정치파동을 일으키며 헌법을 바꾼 이승만은, 대통령 재임 횟수를 2회로 제한한 헌법을 또 다시 바꾸려 시도했다.

개헌을 위한 첫 작업은 1954년 총선이었다. 이승만은 여당인 자유당 국회의원 후보를 공천하면서 자신에 대한 충성과 개헌 찬성을 서약받았다. 자유당은 이 선거에서 총 203석의 과반인 111석을 얻었다. 1954년 선거는 야당에 대한 국민의 불신이 드러나 민국당은 겨우 16석을 얻는데 그쳤고 무소속이 70석이나 당선되었다. 개헌을 하려면 재적 의원 2/3인 136석이 필요해서 여당은 무소속을 회유하여 개헌 정족수를 확보하였다.

---

39  1차대전 종전회담에서 제기된 평화안 14개조처럼 전쟁의 비극을 겪으면 그 재발을 막고 평화를 이루기 위해 전쟁 방지를 위해 노력하는 것이 20세기 선진국 정치였다.

하지만 여론이 개헌에 부정적이었다. 여론조사에서 반대가 60~70%가 나왔다. 그러자 관제데모대가 전국을 휩쓸었다. 집회와 시위의 자유가 없는 나라에서 수천, 수만 명이 거리로 나와 개헌을 주장했다. 특히 학생들이 연일 동원되었다.[40] 또 정치적 음해도 일어났다. 민국당 신익희 대표가 뉴델리를 방문할 때 비밀리에 납북된 조소앙을 만났다는 폭로였다. 후일 사실무근으로 밝혀졌지만 야당을 용공으로 몰기 딱 좋은 소재였다.

마침내 1954년 11월 27일 토요일 개헌을 표결에 부쳤다. 결과는 자유당 내부에서 반란표가 나오는 바람에 135표로 1표차 부결이었다. 그런데 다음 날인 일요일, 서울대 수학과 교수들이 부산하게 움직이더니 월요일인 29일 국회가 다시 열려 "재적 2/3는 135.333으로 반올림(사사오입)하면 135이니 의결정족수는 135표이다. 따라서 개헌안은 통과되었다."며 결과를 뒤집었다.

관제데모와 여론 조작, 반대파에 대한 회유와 협박, 전쟁 분위기 강화, 야당에 대한 정치적 음해, 결과에 대한 번복과 임의적 규칙 뒤집기까지, 이승만 시대를 관통하는 구시대적 음모정치와 권력 강화가 백화점처럼 나열된 사건, 그 유명한 '사사오입' 개헌 사건이었다.

우리는 5,000년 동안 왕조 사회를 이어왔고 국민과 지배층 모두 그 체제의 사상과 관습에 익숙했다. 그리고 서양처럼 왕조를

---

40  학생들의 관제데모 동원에 참다못해 마침내 1955년 「대구매일」이 비판 기사를 게재했다. 그러자 관제데모대가 「대구매일」을 습격하고 정부는 주필을 구속했다.

시민의 힘으로 타도하지 못했기 때문에 그 의식을 극복할 역사적 기회를 갖지 못했다. 또 식민지가 되어서도 덴노의 나라에게 지배를 받았기 때문에 왕에 대한 부정적 시각을 가질 수 없었다. 그래서 해방 이후에도 우리는 왕에 대한 숭배 의식을 많은 부분 간직하고 있었다.

특히 왕은 강한 선민의식을 갖는다. 유교에서 왕은 천명을 받은 사람만이 할 수 있으며 서양에서도 18세기 절대왕정 시절 왕은 신으로부터 권력을 부여받았다는 왕권신수설에 입각해 무소불위의 권력을 휘둘렀다. 이승만도 이와 유사한 형태를 보이는데 "이 박사는 하느님이 내려보내신 한반도의 그리스도이시다."는 표현이 그것이다.

이는 엘리트나 지배층도 마찬가지였다. 아무리 서양의 현대 사상을 공부해서 머리로는 깨우쳤다 해도 생활습관이나 감정은 쉽게 변하지 않았다. 정치 지도자나 엘리트들의 옷과 신발을 비서가 입혀주고 신겨주었다는 증언처럼, 내면적으로는 아직도 왕과 양반이 있었다. 그래서 입으로는 민주주의를 외쳐도 실제로는 대통령과 왕을 구분하지 못했던 것이다. 이승만의 왕 같은 행동은 이러한 당시 의식 수준에서 비롯된 측면도 있다.

그런데 이승만의 왕과 같은 행동은 모순이었다. 왜냐하면 이승만 정부의 일관된 정책이 바로 친미였기 때문이다. 건국부터 공화정으로 탄생한 미국 문화는 철저한 반왕주의였다. 따라서 이승만이 친미를 강조하고 주한미군을 중심으로 미국 문화가 범람할수록 이승만은 조롱거리가 되었다.

그래서 이승만을 비롯한 집권층은 친미이면서도 문화적으로는 민족주의적 성향을 강조하지 않을 수 없었다. 일반적으로 서양에서 민족주의는 민족우월의식에 입각하여 배타적이고 팽창적인데, 한국 민족주의는 민족 비하의식 속에 사대적이면서 내부로 움츠러드는 기묘한 모습을 보였다. 그래서 서양에서는 민족주의는 보수, 사회주의는 진보인데 비해 한국은 보수적 민족주의와 진보적 민족주의라는, 민족주의 내에서 보수와 진보가 엇갈리는 모습이 나타났다.

이승만의 왕조적 모습은 이승만 개인의 한계이자 당시 국민 의식 수준의 한계였다. 그러나 이승만 정부의 친미 정책과 미국 가치관의 수용으로 국민들의 의식은 서서히 변화했다. 특히 청년 세대를 중심으로 대통령제와 민주주의의 의미를 깨달아가기 시작했다. 교과서에서도 대통령제와 민주주의를 강조해서 가르쳤기에 국가 스스로 현 대통령 체제를 부정하는 교육을 한 셈이었다.

친미는 결국 이승만이 자초한 체제 모순이었고, 그의 정책이 강화될수록 필연적으로 정권의 수명은 짧아졌다. 그 속에서 무리하게 정권을 연장하려다 숱한 부작용을 낳은 것이고, 그것이 마침내 4·19혁명으로 폭발한 것이다.

## 2. 백색 테러의 시대

이승만의 독재 정치를 비호하던 '음지의 세력' 정치 깡패들

**박정희** 시대 중앙정보부는 '음지에서 일하고 양지를 지향한다' 라고 했다. 중앙정보부가 없던 시절에 음지에는 누가 있었을까? 바로 깡패였다. 경무대 경찰서장(오늘날 청와대 경호실장) 곽영주와 자유당의 2인자 이기붕이 관리하던 이정재의 동대문사단은 장충단 테러, 4·18 고대생 테러 등 정치 테러를 자행하며 이승만 독재정치 비호에 앞장섰다. 깡패들의 불법 정치 테러로 정권을 유지하던 시대, 바로 이승만 시대이다.

사진은 그 유명한 장충단 사건이다. 1957년 5월 25일 장충단 공원에서 야당이 주도한 시국강연회가 열리자 경무대 경찰서장 곽영주와 자유당 2인자 이기붕과 밀접한 관계를 맺고 있던 깡패 두목 이정재의 부하들이 난동을 부려 대회를 무산시켰다. 사진 앞 부분의 맥고모자를 쓴 이들이 깡패들이다. 이들은 이승만 시대 백색 테러를 주도하다 4·19 이후 형장의 이슬로 사라졌다.

"'단칸 셋방에 제7천국의 금침이 있고, 사랑의 몸부림이 있고⋯⋯.' 영화 세리프 같은 안내의 말이 이들 어깨의 입에서 술술 나오는 참으로 복잡한 자극으로 속이 타오르는 명동의 밤이기도 하다."

이봉구의 『명동백작』은 명동의 주먹들을 이토록 낭만적으로 그렸지만, 실제 주먹들의 세계는 그렇지 않았다. 원래 깡패는 상업지구에서 상인들의 돈을 빼앗으며 기생하는 무리를 말한다. 왈패, 폭한, 깡패, 조폭 등 다양한 명칭이 시대마다 붙었지만 본질은 한결같다. 사회 그늘의 기생자, '독버섯'이었다.

일제 강점기 최대 깡패 조직은 혼마치(오늘날 충무로)의 일본 야쿠자 조직이었다. 보스는 하야시라는 자인데, 원래는 선우영빈이라는 조선인으로 일본에서 야쿠자에 들어갔다가 조선 조직 관리의 명을 받고 들어와 혼마치패를 일으켰다. 조선 깡패들은 야쿠자 때문에 번화가가 아닌 변두리로 돌았는데 청계천의 김두한패가 가장 세력이 컸다. 하지만 야쿠자의 상대가 될 수 없었다. 청계천의 영세한 조선 상인들에게 뜯어먹을 것이 뭐가 있었겠는가?

해방이 되고 혼마치패가 일본으로 뜨면서 명동 일대가 무주공산이 되자 서북 지방 주먹이 들어왔다. 명동의 표준어는 평양말이라고 할 정도로 월남민이 이 지역에 많이 정착했기 때문이다. 이화룡, 시라소니 같은 유명한 주먹들이 활개를 쳤는데 이들도 뜯어먹을 상인들이 없었다. 그래서 이른바 청부폭력으로 생계를 이었다. 해방 이후 깡패들은 좌우로 갈려 적색 테러와 백색 테러를 저질렀다. 그러나 시간이 흐르면서 일방적으로 백색 테러가 지배하게 되었다. 경찰의 비호 때문이었다.

한국전쟁으로 깡패들도 많이 죽어, 전후 다시 세력 재편이 이루어지는데 이때 가장 유력한 세력이 이정재의 동대문사단이었다. 경기도 이천 출신으로 경무대 경찰서장 곽영주와 동향이라 호형호제하는 사이였고, 그러다보니 자유당을 위한 청부폭력에 동원되었다. 경찰과 권력을 등에 업은 동대문사단은 서울의 여러 주먹패들을 흡수했다. 이때 가장 거세게 저항한 세력이 명동의 이화룡 일파였는데, 1958년 속칭 '충정로 도끼 사건'으로 정리되었다. 반이정재파가 충정로에서 도끼 등으로 무장하고 이정재 일파를 공격했는데, 이 사건 보고를 받은 이승만 대통령이 깡패 소탕령을 직접 내리고, 이에 경찰이 동대문사단을 제외한 다른 깡패들을 싹다 잡아들인 탓이었다.[41]

이정재와 동대문사단의 정치 개입은 화려하다. 1954년 사사오입 개헌 당시 이른바 민의를 대표하는 시위대들, 1956년 이승만

---

41  이때 이화룡은 명동에서 손을 떼고 충무로에서 영화 사업을 시작했는데, 이것이 충무로 영화 시대의 본격적인 개막이었다. 1961년 베를린영화제 특별은곰상을 수상한 「마부」를 제작하는 등 영화계에 이화룡이 남긴 족적은 지대했다.

의 불출마 선언 때 이승만 출마를 위해 나선 시위대에도 동대문 사단이 있었다. 특히 경무대 앞에서 이승만 출마를 탄원하는 혈서를 써서 온통 피바다를 만든 것이 이들이었다.

하지만 그들을 정말 유명하게 만든 것은 정치 테러였다. 세 가지 사건이 자주 언급되는데, 제3세력 암살 음모 사건, 장충단 사건, 4·18고대 시위 습격 사건이 그것이다.

먼저 제3세력 암살 음모 사건이란 1954년 신익희, 조병옥 등 반이승만 세력의 주요 지도자 40여 명을 암살하려 음모를 꾸민 것인데, 여기 가담했던 김동진이 폭로하면서 미수로 그친 사건이다. 그런데 이 사건이 알려진 시기는 김동진이 폭로한 시점이 아닌 것 같다. 다음은 「경향신문」 1955년 2월 1일자 기사를 요약한 것이다.

"1월 29일 오후 7시 종로3가 단성사 정문 앞에서 이석재가 김동진 등에게 권총을 발사하여 중상을 입혔다. 김동진은 '정치적 흑막이 개재되어 있다. 이제 그 진상을 밝히겠다'며 제3세력 요인 암살 계획이 있었다고 말했다. 작년 11월 6일경 이정재가 찾아와 암살 계획에 협력하여달라고 해서 이를 거절하고 즉시 경찰에 보고하였고, 후에 검찰에 출두하여 계획 전모를 밝혔던 것인데 이번 사건은 그에 대한 보복이라는 것이다. 그러나 경찰은 이러한 계획이 금시초문이라고 말하였다."

조병옥, 신익희, 조봉암, 장택상 같은 야당 지도부를 겨냥한 암살 음모가 있었다는 고발을 경찰이 무시해버렸다는 것인데, 이는 이정재의 배후에 자유당과 경찰이 있었음을 말해준다. 이 사건 수사를 담당한 김윤도 검사는 이정재를 구속했다가 검찰에서 쫓겨났고 이정재는 무죄 석방되었다.

장충단 사건은 1957년 5월 25일 장충단 공원에서 야당이 중심이 되어 민주주권옹호투쟁위원회 집회를 열었는데, 이를 동대문사단이 폭력으로 무산시킨 사건이다. 30만 군중이 모인 가운데 오후 3시 집회가 시작되고 야당의 정부 성토가 이어지자 맥고모자를 쓴 이정재사단 30여 명이 단상으로 몰려들었다. 이들은 연사들에게 욕을 하고 돌과 병을 던지고 몽둥이를 휘두르는 등 난동을 부리다 음향장치에 불을 질러 결국 집회를 중단시켰다. 경찰은 이정재사단이 철수한 뒤에야 나타나 장내 정리만 했다.

야당과 언론은 일제히 장충단 사건을 성토했다. 「동아일보」는 "폭력배에 짓밟힌", "계획적 테러"라고 비난했고 「경향신문」은 "독재의 만행"이라고 비판했다. 정부는 발뺌으로 일관하다 이정재의 오른팔이었던 유지광을 사건 주동자로 12월 체포하여 징역 1년을 선고하였다. 하지만 그 이상은 없었다. 오히려 이듬해 일어난 충정로 도끼 사건으로 동대문사단의 힘만 더욱 커졌고, 유지광 등 동대문사단 보스들은 1959년 창단된 대한반공청년단(총재 이승만)의 주요 간부를 맡았다.

마지막으로 일어난 사건이 4·18고대 시위 습격 사건이다. 1960년 3·15부정선거로 일어난 부정선거 규탄 시위 과정에서 마산의 김주열 학생이 실종되었다. 그런데 그 김주열이 4월 11일 마산 앞

바다에서 최루탄이 얼굴에 박힌 채 시신으로 떠올랐다. 만행에 치를 떨던 국민들이 일제히 일어났고 그동안 어용 관제 시위의 단골 동원 대상이었던 대학생들마저 반정부 시위에 나섰다. 그것이 바로 4·18고대생 시위이다.

대학생 시위에 위기감을 느낀 곽영주와 동대문사단은 깡패들을 동원하여 시위를 마치고 고려대로 돌아가던 학생들을 습격하였다. 7시가 넘어 어둠 속에서 3,000여 명의 고대생들이 종로4가 천일백화점 앞을 지날 때 갑자기 100여 명의 깡패들이 나타나 벽돌과 각목, 삽 등으로 학생들을 공격했다. 수십 명의 학생들이 피를 흘리며 쓰러지자 뒤따라오던 학생과 시민들이 반격을 가해 곳곳에서 난투극이 벌어졌다. 현장에서 50여 미터 떨어진 곳에 동대문 경찰서장과 100여 명의 경찰이 있었지만 이들은 적극 개입하지 않고 오히려 학생들의 반격을 말리는 듯한 모습을 보였다. 「동아일보」는 다음 날 신문에서 "경찰은 깡패 단 한 명도 체포하지 못했다."고 비판했다.

이 사건을 주도한 인물은 동대문사단의 뉴 페이스인 반공청년단 종로구단장 임화수였다. 1958년 이정재와 이기붕이 국회의원 출마를 놓고 충돌한 후 이정재의 대안으로 부상한 인물이 임화수였다. 그는 정권의 나팔수로 영화사업을 적극 활용하여 연예계를 장악하고 이승만의 총애까지 받았다. 경찰은 곽영주와 임화수의 위세 속에서 고대생 습격 사건을 무마하는 데 급급했다. 그러나 곧 4·19가 일어나면서 이들의 권세도 막을 내렸다.

이정재, 유지광, 임화수 모두 정치 테러 혐의로 줄줄이 잡혀 들어갔다. 관련법이 미비해서 장면 정부 때에는 징역형을 받았지만 5·16쿠데타 이후 혁명재판소에서 사형을 선고받고 이정재와 임화수는 형장의 이슬로 사라졌다.

이정재 사형 이후에도 깡패들은 존재했다. 신상사, 김태촌, 조양은, 용팔이 같은 유명한 보스들이 언론지상을 장식하기도 했다. 그러나 1960년대 이후 깡패들은 예전의 위세를 찾지 못했다. 권력이 더 이상 깡패들을 필요로 하지 않았기 때문이다. 그러나 우리는 대신 중앙정보부 같은 정보기구의 공작정치를 만나게 된다.

국정원 댓글 조작 사건으로 이명박·박근혜 정권 시절 국정원장들이 줄줄이 구속되는 등 온 나라가 떠들썩했다. 민의를 왜곡하거나 조작하고 정치적 반대파를 공격하는 행동은 과거 정보기구의 패악이었다. 그러나 정보기구가 없었던 이승만 시대에는 그 역할을 깡패가 했다. 이승만의 깡패 정치는 음모와 조작정치의 한 단면이자, 이승만 시대 정치수준을 보여주는 한 단면이었던 것이다.

# 3. 진보의 꿈, 형장의 이슬로 사라지다

조봉암과 평화통일의 꿈

어둠의 시대 평화와 민주주의의 목소리는 항상 존재했다. 초대 농림부 장관을 지낸 조봉암은 평화통일과 진보정치를 주장하며 1956년 대통령 선거에 무소속으로 도전하였다. 민심은 그에게 216만 표(득표율 30%)를 몰아주었다. 한국 대선사상 진보 후보 역대 최다 득표였다. 2017년 대선에서 정의당 심상정 후보도 이 기록은 깨지 못했다. 심 후보는 201만 표를 얻었다(득표율 6.2%).

독재가 판을 치고 야당이 지리멸렬할 때 민심은 정치를 외면하지 않았다. 그것이 바로 4·19와 민주 통일운동으로 이어지는 힘이었다.

사진은 제헌의원을 거쳐 이승만 정부에서 초대 농림부 장관으로 활동했던 조봉암이다. 일제 강점기 조선공산당의 대표자였고 해방 후에는 박헌영의 라이벌이었던 한국공산당 최고 지도자급 인물이 전향하여 이승만 정부에 참여하였을 때 그 충격은 가히 핵폭탄급이었다. 하지만 이후 그의 삶이 대한민국에 끼친 영향은 이보다 더욱 강력한 것이었다.

이승만은 1954년 미국을 방문하여 공산당에 대한 선제공격, 3차대전을 주장하는 망발을 했다.[42] 호전적인 전쟁광이라는 이미지를 세계에 심으려 한 이유는 북진통일이 그의 권력을 지켜줄 핵심 이데올로기였기 때문이다. 그리고 이를 통해 전체 국민들의 삶을 옭아매었다. 국민들을 전시 체제로 묶음으로써 정권에 대한 반대를 억눌렀다.

이승만 정부의 북진통일론은 한반도 긴장 완화를 원하는 미국의 정책 기조와도 충돌했다. 미국은 1950년대 중반 매카시 선풍으로 홍역을 치른 후 사상의 자유와 미소 냉전 완화를 요구하는 분위기가 높아졌다. 특히 냉전 속에 비대해진 군산복합체에 우려의 목소리가 높았다. 닉슨 같은 군산복합체의 지지를 받는 정치인들을 경계하는 목소리도 높아졌다. 이런 속에서 미 극우세력을 부추기는 이승만의 발언은 미국 정부와 의회를 불편하게 하는 것이었다. 이승만 정권 말기로 갈수록 원조가 줄어들고 특히 국군 현대화에 미국이 비협조적으로 나온 것은 이런 측면이 작용했을 것

---

42 "문제는 선전포고나 그 시기가 아니라 멸망과 생존의 양자택일을 해야 한다는 것"(『동아일보』 1954년 8월 3일자, "즉시로 대공행동 이 대통령 과감한 미국 주도 촉구")

으로 보인다.[43]

북진통일에 대한 질주를 멈추게 할 브레이크가 필요한 시대였다. 하지만 당시 야당인 민주당은 그럴 능력이 없었다. 제주 4·3을 유례없는 학살로 진압한 조병옥이나 친일파로 분단에 앞장섰던 장면이 지도자로 있는 민주당도 그 호전성이나 경직성은 크게 다르지 않았다.

어둠과 절망을 뚫고 등장한 새로운 지도자는 조봉암이었다. 조봉암은 1952년 전시의 살벌한 분위기 속에 치러진 2대 대통령 선거에 무소속으로 출마하며 이승만에게 도전장을 내밀었다. 9일이라는 짧은 선거운동 기간, 군대와 경찰의 방해 등 수많은 난관에도 불구하고 조봉암은 2위를 차지했다. 1위 이승만은 득표율 75%, 540만 표로 당선되었고, 조봉암은 79만 표를 받았다. 3위 이시영은 74만 표였다.

전쟁이 끝나자 조봉암은 진보당을 조직하면서 본격적으로 진보정치를 들고 나왔다. 그의 진보정치는 자유와 평화였다. 조봉암은 당시 한국 국민을 피해대중이라고 규정했다. 좌와 우의 이념 대결에서 소외된 존재라는 의미로서 과거 민족좌파의 전통을 이은 개념으로 볼 수 있다.[44] 이에 따라 우리 민족을 위해 먼저 어떠한 독재도 배격한 민주정치, 국민을 착취하지 않는 대중경제, 그리고 평화통일을 주장하였다.

---

43  아이젠하워 대통령(1956~1960 재임)은 퇴임사에서 이례적으로 "군산복합체로부터 우리의 자유와 민주를 지켜야 한다."는 연설을 했다.
44  서중석 교수는 '피해대중'이 '계급'보다 '민족'에 더 가까운 개념이라고 해석하였다.

조봉암의 주장은 이승만뿐만 아니라 민주당까지 대경실색하게 하였다. 민주당의 역사가 반공을 최우선으로 하는 노선이었기 때문에 피해대중이란 말도 안 되는 주장이었다. 또 당시 한국에서 사용되던 평화통일 주장이란 북한에서 선거를 통해 새로 정부를 수립한 후 남한에 흡수되는 통일이란 의미로, 그마저도 한국전쟁 전에 잠깐 나온 말이었다. 남북한 총선이란 남쪽 정치세력의 기득권을 뒤엎는 발상이므로 용납할 수 없었다.

1956년은 대통령 선거의 해였다. 이승만은 3월에 돌연 불출마 선언을 했다. 그러자 정부는 관변단체를 동원하여 불출마 번복을 요구하는 시위를 벌였다. 한 달 동안 수십만 명이 이승만 지지와 출마를 요구하는 시위를 벌였고 심지어 말과 소도 시위에 동원되었다.[45] 자연스러운 사전선거운동이었다.

하지만 4월에 시작한 선거운동 분위기는 민주당 신익희가 휩쓸었다. 민의는 정권교체로 쏠렸다. 그런데 5월 5일 신익희가 뇌일혈로 덜컥 죽고 말았다. 이제 민심은 신익희 대신 진보당 조봉암에게 쏠렸다. 당시 선거는 대통령과 함께 2인자인 부통령도 선거로 뽑았는데 자유당은 이기붕, 민주당은 장면, 진보당은 박기출이었다. 진보당은 박기출을 사퇴시켜 대통령 조봉암 후보, 부통령 장면 후보의 연합으로 선거를 치르려 했다. 하지만 민주당은 거부했다. 민주당은 신익희에게 추모표를 던져달라며 조봉암에 대한 지지를 명백히 거부하였다. 심지어 김준연 고문은 용공분자 조봉

---

45 이를 민의(民意), 우의(牛意), 마의(馬意)라고 한다. 1956년 최고 유행어였다고 한다.

암에게 표를 던지느니 차라리 이승만에게 투표하라고 해서 물의를 일으켰다.

대선 개표 결과 이승만은 505만 표, 70%의 득표율로 당선되었다. 하지만 조봉암은 무려 216만 표를 얻어 그의 대중적 지지와 정권교체에 대한 민심을 보여주었다. 부통령은 장면이 400만 대 380만으로 이기붕을 어렵게 재치고 당선되었다. 이로써 진보당과 조봉암은 이승만 장기 집권의 가장 강력한 적으로 떠올랐다.[46] 이승만은 차기 집권을 위해 조봉암 제거 계획을 세웠다. 대선 이후 진보당 창당 작업을 깡패들을 동원해 방해하는 한편 관련자들을 잡아들여 집요하게 용공 여부를 캐물었다. 마침내 1958년 1월 조봉암 등 진보당 지도부를 간첩 혐의로 전격 체포하였다. 1958년 총선을 3개월 앞두고 일어난 사건으로, 조봉암 연행 직후 진보당을 해산시킴으로써 총선과의 연관성을 노골적으로 보여주었다.

조봉암의 혐의는 북한의 평화통일 주장에 동조하여 적화통일을 꾀하였다는 것이다. 이에 조봉암은 "북한이 먹는 것을 밥이라고 하면 우리는 밥이라고 하면 안 되느냐?"며 강력히 항의했다. 평화통일은 유엔과 미국에서 한반도 통일방안으로 유력하게 언급하는 방안이었다. 하지만 이승만을 위협하는 어떠한 주장도 용공이었던

---

46 당시 진보당 경남도당 선전부장 박문철의 주장에 의하면, 부산 중구 개표 결과 조봉암 3만 2,000표, 신익희 1만 3,000표, 이승만 7,500표였는데 선관위가 이승만 3만 2,000표, 조봉암 1만 3,000표, 신익희 7,500표로 발표했다는 것이다.(KBS 역사스페셜 '반세기 만의 무죄판결, 조봉암의 진실') 당시 개표 조작이 광범위했다는 주장들이 있었고, 그래서 "조봉암은 투표에서 이기고 개표에서 졌다."는 말이 나돌았다.

시절이다. 평화통일 논쟁에서 수세에 몰린 검찰은 이번에는 양명산이라는 사람을 내세웠다. 그가 북한 공작금을 조봉암에게 전달했다는 것이다. 하지만 조봉암은 양명산이 개인 사업으로 번 돈을 정치자금으로 제공한 것이라고 주장했다.

1심 재판부는 조봉암이 북한의 돈을 수령하였다며 국가보안법 위반으로 징역 5년을 선고했다. 단 간첩 혐의 등은 무죄판결했다. 그러자 또 다시 '우의, 마의'가 일어났다. 검찰의 항소로 열린 2심 재판을 맡은 재판부는 완전히 새로 구성된 것이었다. 그들은 무조건 조봉암을 간첩으로 판결했다. 양명산이 특무대의 강요로 거짓 진술했으며 조봉암에게 돈을 준 적이 없다고 진술을 번복했음에도 1심 때의 양명산의 진술을 그대로 증거로 채택한 정치재판이었다.

조봉암은 대법원에서 확정 판결을 받고 곧 서대문 형무소에서 형장의 이슬로 산화했다. 1959년 7월 뜨거운 여름날이었다. 미국이 강력히 항의하자 자유당 2인자 이기붕이 사형을 막겠다는 약속까지 했는데도 형이 집행되었다. 누구의 의지인지 분명한 사건이었다. 유족은 너무 억울한 나머지 이렇게 심정을 토로했다.

"억울한 일이 일어나면 벼락이 친다던데, 이 여름에 벼락도 안 쳐. 하늘도 없는 게야."

그렇게 억울한 조봉암 사건에 대해 1958년 민주당과 대선 때의 200만 지지자는 아무도 일어서지 않았다. 민주당이야 유력한 라이빨이 제거되었으니 그럴 만도 하지만 대선 때 조봉암을 찍어준 이들은 왜 침묵했을까? 하지만 우리는 그것이 낯설지 않다. 북한과 연결된 사건이 일어났을 때, 예를 들어 1992년 민중당 사건 때도, 2013년 통진당 해산 사건 때도 침묵이 흘렀다. 분단과 한국전쟁의 트라우마는 우리 마음속 깊은 곳에 똬리를 틀고 있다.[47]

조봉암의 진보정치는 전쟁 위협으로부터 국민을 구하고 평화롭고 자유로운 세상을 만들자는 보편적 정의를 실천하는 운동이었으며 북진통일을 통해 정권을 유지하려던 이승만에게는 치명적 타격이었다. 이승만은 친미로 집권했지만 정권을 위한 북진통일 주장으로 오히려 그와 미국의 사이를 점점 벌어지게 했고 오히려 조봉암의 주장이 한미동맹을 더 안정적으로 유지토록 하는 것이었다. 그래서 미국이 그의 사형을 막으려 했던 것이다. 결국 4·19로 민심은 폭발했고 미국은 이승만을 외면했다. 이승만은 4월 26일 미국의 시위 지지를 통보받고 결국 하야하고 말았다. 일제 강점기에 일제는 당파성론을 통해 한민족은 공익이 아닌 사익을 위해 당을 만들며 따라서 한국 당쟁은 망국의 원인이자 민중 피폐의 원인이라고 주장했다. 조선 붕당정치에 대한 모함이지만 친일파들은 그 말을 믿었고 그들이 이승만 정부의 요직을 차지했다. 결국 이승만 정부는 이승만과 연결된 거대한 부패집단의 사익 추구 세력이 될 수밖에 없는 의식적 결함을 갖고 있지 않았을까?

---

47 어떠한 이유에서도 정당을 강제 해산하는 것은 현대 선진 정치에서 유례가 없는 것으로 정당정치의 근간을 흔드는 것이다.

# 4. "나 이강석이오. 아버님 명을 받아 왔어요."

권위주의 체제의 부패와 타락을 보여주는 가짜 이강석 사건

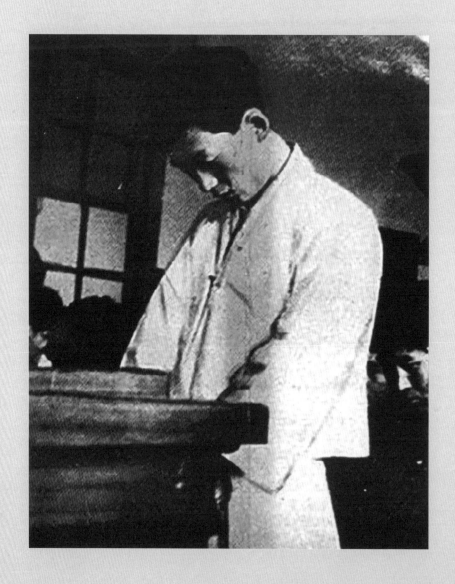

1957년 여비가 떨어진 강성병(당시 21살)은 대담하게 대통령의 양아들 이강석을 사칭하며 돈을 구하려 했다. 놀랍게도 경주 경찰서장은 그를 '각하'라고 부르며 지극정성으로 왕자 대접을 했다. 희대의 사기 사건인 '가짜 이강석 사건'은 권위주의 시절 관료 세계가 어떻게 부패하는지 잘 보여주는 해프닝이다.

사진은 1957년 가짜 이강석 사건을 일으킨 강성병의 재판 모습이다. 대구 출신인 강성병은 학자금 마련을 위해 경주로 가서 이승만 대통령의 양자 이강석을 사칭해 돈을 뜯어내려다 들통이 나 체포되었다. 하지만 그가 이강석을 사칭하며 벌인 행적은 중석불 사건 등 이승만 시대 부패상을 집약적으로 보여준 사건으로 큰 사회적 충격을 주었다.

대구에서 고등학교를 졸업한지 1년이 지났건만 집이 가난해
서 대학 진학을 포기한 강성병에게 1957년 대한민국은 절망
의 '헬조선'이었다. 그런데 사람들이 강성병을 보면 실없이 이
런 말을 하고는 했다.

"자네, 이강석 많이 닮았네. 아주 감쪽같아. 이강석이야 이승
만 각하 아드님이니 왕자가 아닌가? 헌병을 때리고 경찰서를
때려부숴도 털끝 하나 건드리지 못한다네."

'내가 그리 이강석이를 닮았어?' 처음에는 실없는 소리처럼
들렸지만 여러 사람들이 그런 말을 하자 강성병은 절망의 구
렁텅이에서 한 줄기 빛을 본 것 같았다. 군인들이 총을 맞아도
'으악' 하지 않고 '빽' 하고 죽는다는 세상이니 이강석 행세를
한다면 그야말로 횡재의 수가 생기지 않을까?

8월 30일 그는 경주로 가는 버스를 탔다. 대학 등록금 정도만
빼내서 서울로 도망치리라. 하지만 막상 갈 곳을 알지 못해 밤
거리를 배회하다 밤 8시 30분경 귀로다방 앞에서 경주 경찰
서장을 발견했다.

"나 이강석이오. 아버님 명을 받아 왔어요. 일전의 태풍 피해
를 암행 조사하러 왔어요."

서장 이인갑은 깜짝 놀라며 물었다.

"각하. 혹시 숙소를 잡으셨습니까?"

"국제여관에 있어요."

그러자 서장이 그를 여관까지 에스코트했다. 여관에서 늘어지게 한숨 자고 나자 31일 아침에 서장이 와서 경주 여행을 시켜주었다. 불국사를 구경하고 기념품점에서 각종 물품을 사주고 여관비까지 모두 내주었다.

그날 오후에는 경찰차를 타고 영천으로 갔다. 영천에 가니 영천서장과 경무계장이 마중 나와 있었다.

"노고에 얼마나 수고가 많으시나이까. 변변치 않지만……."

계장이 여비로 바친 돈이 1만 환이다. 1957년 당시 5급 공무원 한 달 월급이 1만 7,000환이었고, 공립대 등록금이 대략 3만 7,000환(수업료+호국단비+후원회비) 정도였으니 지금 돈으로 100만 원이 넘는 돈이었다.

계장의 안내로 이번에는 안동으로 건너갔다. 밤 8시 30분에 안동서장을 만나 그에게 극진한 저녁식사 대접을 받고 그가 잡아준 해룡여관에서 늘어지게 한숨 잤다.

그리고 9월 1일 아침 8시. 인기척에 눈을 떠보니 여관방 앞에 안동군수와 안동읍장이 대령하고 있다.

"각하, 원로에 얼마나 노고가 크십니까? 문안 아뢰옵니다."

그리고 안동서장이 여비라며 1만 5,000환을 바쳤다. 꿈같은 황홀한 시간이지만 슬슬 겁도 나기 시작했다. 진미에, 잠자리에, 돈에, 선물에……. 이제 슬슬 떠나야 하지 않을까?

"은행장을 불러와요."

조흥은행 안동지점장이 오자 이렇게 말했다.

"수재민들을 위해 20만 환을 대출해주면 올라가서 갚으리다."

"지금 당장은 5만 환뿐입니다만, 곧 마련해 올리겠습니다."

"알겠어요. 서장, 봉화에도 미리 연락해주세요."

5만 환을 받은 강성병은 오후에 역시 에스코트를 받으며 봉화로 갔다. 농업은행 봉화지점장이 20만 환을 갖고 미리 대기해 있었다. 봉화군 내무과장과 봉화서장도 각각 1만 5,000환씩 갖고 줄을 서서 기다리고 있었다.

"이제 올라가야겠어."

저녁에 다시 안동으로 갔다. 기차를 타고 유유히 상경하리라. 그런데 기차가 없었다.

"대구에서 비행기로 올라가시죠."

그래서 에스코트를 받으며 대구로 향했는데 중간에 경북도경 사찰과장이 기다리고 있었다. 왕자님 행차 소식이 경북도경에까지 올라간 것이다.

"암행이니 비밀로 하라 했잖아! 이런 목 베어 죽일 놈들 같으니!"

호통을 쳤지만 이미 늦었다. 사찰과장 차는 왕자님을 위한 성대한 만찬장으로 향하고 있었고, 그곳에는 진짜 이강석을 잘 아는 경북도지사와 그 아들이 기다리고 있었다.

당시 언론 기사를 토대로 각색한 가짜 이강석 사기 행각이지만, 뒤에 재판 과정에서 폭로된 것은 이보다 더 심하다. 경찰 외에 36사단장 등 장성들도 동참했고 관직 청탁과 차기 총선에 대한 관권 개입 맹세까지 있었다.

이승만 시대는 광범위한 권력형 부정부패가 있었다. 대표적인 것이 중석불 사건이다. 전선에서 치열한 전투가 벌어지던 1952년 정부는 중석(텅스텐)을 수출하여 벌어들인 달러를 기업에게 싸게 불하하여 밀가루와 비료를 수입하게 하였다. 기업들은 이 비료와 밀가루를 농민들에게 비싸게 팔아 수백억 원대의 폭리를 취하였다. 이 사건은 이승만 정부의 각종 정치공작을 위한 자금 마련과 정경유착으로 인해 일어났으리라 추측하지만 정부가 제대로 수사를 하지 않고 관련자 처벌도 흐지부지돼서 오늘날까지도 폭리로 번 돈의 용도는 잘 알려지지 않고 있다.

깡패와 연관된 부패도 있었다. 1950년대 중반 국제원조기구(UNKRA)가 한국에 많은 물자를 원조했는데 이 중 일부는 경매로 팔려나갔다. 그런데 홍영철이 보스인 깡패 조직 소공동파는 이 원조물자 경매에 개입하여 폭리를 취하였다. 깡패들이 폭력을 동원, 담합으로 입찰하여 싼 가격에 물건을 산 다음 그것을 시장에 비싸게 내다판 것이다. 현찰을 가마니로 담아 날랐다고 할 정도로 돈을 벌었는데 1년 수입이 약 20억 환 정도였다고 한다. 하지만 실제로 소공동파가 먹은 돈은 20~30% 정도. 나머지 15억 환 정도의 돈은 군대, 경찰, 정치인과 각종 어용단체로 흘러들어갔다.

독재 정권은 필연적으로 부패한다. 뒤에 박정희 시대 사카린 밀수 사건을 자세히 살피겠지만, 그것은 누가 독재자여도 마찬가지다. 수백만 국민의 눈은 속일 수 없지만 독재자 한 사람의 눈을 피하는 것은 쉽기 때문이다. 관료들은 오직 위만 쳐다보며 지도자에게 충성을 다하고 그 대가로 국민을 속이고 착취한다. 독재자입장에서도 국민의 지지를 받지 못하는 속에서 정권을 유지하려면 관료들의 충성이 필수적이기 때문에 웬만한 부패는 눈감아줄 수밖에 없다. 그렇게 부패 구조가 만들어지는 것이다. 독재정치는 지도자의 지휘 하에 모든 국민이 일사불란하게 움직이므로 매우 효율적인 체제일 것 같지만, 실제로는 관료들의 부패와 무사안일주의로 인해 대단히 비효율적인 체제이다.

독재 정치는 이런 모순을 은폐하기 위해서 관료들의 부패 문제를 개인의 도덕성 문제로 몰아간다. 기강 확립, 엄벌주의는 독재정권이 내세우는 단골 메뉴이다. 특히 우리나라는 식민사관이 매우 효과적으로 활용되었다. 식민사관에서 강조하는 당파성론, 타율성론 같은 열등한 민족성론은 독재 정치가 부패 문제를 체제모순이 아니라 도덕성 문제로 덮는 데 결정적 이데올로기로 작용하였다. 또 식민사관을 신봉하는 과거 친일 경력의 관료들은 부패를 민족성의 문제로 보고 "나만 하는 것이 아니다. 안 하는 놈이 바보다."라는 생각에서 거리낌 없이 부정부패를 저지르게 되는 것이다.

가짜 이강석 사건은 이런 한국형 부패의 체제적 모순을 집약하여 보여준 것이다. 그리고 이런 모순은 박정희 시대로 갈수록, 전두환 시대로 갈수록 심해진다. 사카린 밀수 사건이나 장영자 사기

사건 같은 시대적 사건들이 계속 나올 수밖에 없었다. 우리가 민주주의를 갈구한 결정적 이유가 여기 있었다.

# 5. 어머니, 저를 책하지 마옵소서

4·19에 참가한 여학생, 애국과 민주를 온 몸으로 증명하다

"어머니, 데모에 나간 저를 책하지 마옵소서.
우리들이 아니면 누가 데모를 하겠습니까?"
한성여중 2학년 진영숙은 어머니에게 편지를 남
기고 4·19에 참가했다가 끝내 돌아오지 못했다.
4·19를 주도한 것은 중고교 학생들이었다. 그들
은 애국과 민주가 결코 성인의 몫이 아님을 잘
보여주었고, 4·19가 대학생들의 '학생의거'가 아
닌 전 국민적 염원의 소산임을 보여준다.

사진은 4·19혁명 당시 마산 시위에 참가한 여학생들
의 사진이다. 4·19혁명은 1960년대 이후 학생운동과
달리 중고교생들이 주도하였으며 많은 여성들이 참가
하여 3·1운동을 방불케 하는 양상을 보였다. 이는
1950년대 한국 현실과 밀접한 연관을 맺고 있다.

이승만 시대 경제를 원조경제라 한다. 한국전쟁 이후 미국의 원조물자를 토대로 일어난 경제이기 때문이다. 대표적인 것이 삼백산업으로, 미국 원조물자인 면화, 사탕수수, 밀가루를 민간업자들이 불하받아 여러 상품을 생산, 판매하는 것이었다. 그런데 원조경제는 정경유착의 성격이 강했다. 즉, 일제가 버리고 간 공장(귀속재산)을 저렴한 가격으로 불하받고 공짜나 다름없는 원조물자를 원료로 받아 생산, 판매하기 때문에 귀속재산 및 원조물자를 배분하는 정부와 기업의 밀착이 필연적이었다.

그런데 1958년부터 미국의 원조가 급격하게 감소했다. 원조에 의존하는 경제는 당연히 무너질 수밖에 없어서, 섬유산업은 공장가동률이 38%까지 떨어졌다. 정부는 경제적 곤란을 극복하기 위해 국산품 애용 운동 등 과거 애국 마케팅을 적극 활용했고, 국민들도 적극 동참했다. 사실 엄격한 수입 규제로 외제를 쓸 기회조차 없었지만, 그래도 국민들은 각종 캠페인 운동에 동참함으로써 만족감을 느끼지 않을 수 없었다. 몇몇 산업 분야는 1958년 오히려 상승세를 보였다.

하지만 이는 정부와 유착한 몇몇 기업의 배만 불린 것일 뿐, 국민에게 돌아오는 것은 없었다. 오히려 1958년과 1959년에 학생들의 자가용 등교가 사회 문제가 되었다. 보릿고개로 수많은 사람들이 굶어 죽는 시절에 자가용 등교는 빈부격차와 부패 경제에 따른 도덕적 해이를 단적으로 보여주는 것이었다. 또 농촌과 도시에서는 각종 부가세가 서민들을 괴롭혔다. 특히 경찰들과 관련한 회비들이 많았다. 원조경제의 불안정성과 정부의 수탈, 부의 독점은 국민들을 분노케 했다.[48]

정부는 이러한 위기를 모면하고 1960년 대선에서 안정적으로 정권 재창출을 하기 위해 반공 공세를 강화하였다. 1958년 진보당 사건으로 조봉암을 제거한 데 이어 국가보안법을 확대 강화시켜 정부에 대한 비판을 광범위하게 처벌할 수 있도록 했다. 1959년 3·1절 기념식에서 이승만은 강도 높은 북진통일을 주장하였으며, 재일교포 북송 시위를 전국적으로 강력하게 전개하였다. 1959년부터 5월 1일 메이데이를 빨갱이의 노동절이라 해서 3월 10일로 노동절을 옮겼고, 4월 30일에는 「경향신문」이 정부를 비판하자 폐간시켜버렸다. 이승만 우상화도 극에 달해 1956년 남산에 동상이 세워진 데 이어 1959년에는 우남정(오늘날 남산 팔각정)과 우남회관(오늘날 세종문화회관)이 세워졌다. 우남은 이승만의 호다.

흥미로운 것은 이승만 시대 미인대회이다. 이미 1954년부터 세계 미인대회 출전을 위한 한국 미인대회가 치러졌으며, 1957년부

---

48 한국은 유난히 부에 대해 동기부여를 강조하는 특성이 있다. 분배나 조세정의에 대한 이야기가 나올 때마다 기업의 이윤동기를 약화시켜 경제가 나빠질 것이라는 반박이 성행하는 것이다. 이는 정경유착과 분배정의의 문제를 개인의 심리 문제로 떠넘기려는 1950년대부터의 악습이다.

터는 「한국일보」 주최로 미스코리아 선발대회가 시작되었다. 미인
대회는 세계 미인대회에 선수를 파견, 한국을 홍보하고자 하는 것
이었는데 이는 한국에 대한 이미지 제고가 시급했기 때문이다. 그
런데 이런 미인대회가 인기를 끌자 심지어 1959년에는 3·1운동
여신 선발대회, 교통안전 여왕 선발대회 같은 국가행사 차원의 미
인대회도 열렸다. 앞에서 언급했듯, 반공과 북진통일의 국가주의
적 군사적 문화 속에 여성에 대한 상품화와 비하가 어떠한 문제
의식도 없이 치러진 것이다.

　1960년 새해는 벽두부터 대통령 선거로 달아올랐다. 민주당 대
통령 후보로 선출된 조병옥이 1월에 건강 악화로 미국의 병원에
입원하자, 정부가 갑자기 대선 일자를 5월에서 3월 15일로 앞당
겼기 때문이다. 그리고 조병옥의 죽음으로 야당의 대통령 후보가
부재한 상황에서 선거의 초점이 대통령이 아닌 부통령으로 넘어
가면서 더욱 뜨거워졌다.

　이승만은 1875년생으로 당시 85살이었다. 국민은 민주당 장면
후보가 자유당 이기붕 후보를 제치고 부통령에 당선되기를 바랐
다. 앞날을 장담하기 어려운 고령의 대통령이 만약 죽으면 부통령
이 승계하여 자동적으로 정권교체가 되기 때문이다. 역으로 자유
당에게 부통령 선거는 큰 부담이 되었다. 이미 1956년 선거에서
이기붕은 장면에게 패한 전력이 있었다.

　이승만은 이기붕 당선을 위해 총력을 다했다. 그러나 이기붕은
인기가 없었다. 경력이라야 이승만의 비서 출신이라는 것뿐이고,
이정재 같은 정치 깡패와의 관계, 부정부패, 아들 이강석 문제 등

추문이 많았다. 결국 승리를 위해서는 부정선거뿐이었고, 그 3·15 부정선거가 4·19의 방아쇠를 당긴 것이다.

3월 15일 마산에서 부정선거 규탄 시위가 일어났다. 시위의 중심에는 마산의 중고등학생들이 있었다. 왜 중고등학생들이 시위의 중심에 있었을까? 공교롭게도 이승만 정부가 자초한 것이었다. 이승만 정부는 전시 체제를 구축하면서 학생들도 호국단으로 조직했다. 그리고 이들을 수많은 관제시위에 동원했다. 시위 준비를 위해 호국단 지도부 등이 자주 만나면서 학교간 연락망도 완비되었다. 조직망, 시위 경험, 연락망 모든 것을 이승만 정부가 지난 수년 동안 충분히 만들어주고 훈련시켜주었다. 학생들은 그저 목적만 바꾸었을 뿐이다.

학생들의 움직임은 이미 2월부터 있었다. 대표적인 것이 2·28 대구 학생 시위였다. 정부가 민주당 선거 유세 참가를 막기 위해 학생들에게 일요일 등교를 명하자 이에 반발하여 일으킨 시위였다. 이때 구호가 유명한 "학생을 정치선전의 도구로 이용하지 말라."였다. 2·28시위가 3·15시위에 이어 4·11마산시위와 4·19혁명으로 이어진 것이다.

여학생도 예외는 아니었다. 여학교도 남학교와 똑같이 호국단으로 조직되고 관제 시위에 동원되었기 때문에 시위가 낯설지 않았다. 여기에 이승만 정부의 남녀차별과 전시(戰時)문화는 이미 공분을 사기에 충분했다. 여자를 군대에 갈 아들 낳는 기계로 보는 정부의 시각에 어찌 분노하지 않겠는가? 그 한 사례를 살펴보면, 당시 대한부인회 등에서 출산조절운동을 전개했다. 전쟁 후의 빈곤 속에서 아이를 기를 최소한의 식량조차 부족했기 때문이다. 그러나 이승만 정부는 산아제한이란 이름으로 통용되던 출산조절운동을 반대하였다. 70만에 달하는 국군을 유지하기 위해서는 아들이 필요했기 때문이다. 심지어 아들을 많이 낳아 군대에 보내는 어머니를 훌륭한 어머니로 표창하기도 했다. 반면 출산조절은 혼외 성관계를 의미하는 타락한 성윤리의 표출로 몰아붙였다.[49] 현대 한국의 남아선호와 피임을 불륜과 동일시하는 사고방식은 이승만 정부의 북진통일 이데올로기에서 강화된 것이지, 전통 유교가 직접적 원인은 아닌 것이다.

3·15 마산에서부터 4·19 피의 화요일까지 경찰의 시위대에 대한 총격은 남녀를 구분하지 않았다. 많은 여성들이 총에 맞아 희생되었다. 현재 4·19묘지 안장자 중에서 4·19 당시 사망 경위가 명확한 286명 중 여자는 15명이다. 앞서 언급한 편지의 주인공 진영숙은 미아리 일대 시위에서 경찰이 쏜 총에 맞았다. 덕성여중 최신자와 구순자는 중앙청 앞에서 시위 도중 총에 맞았다. 서울사대부중 원일순은 신설동에서 시위 도중 총에 맞았다. 중앙대 서현무는 내무부 앞에서 시위 도중 총에 맞았다. 서울대 고순자는 세종로에서 시위 도중 총에 맞았다. 이외에 학적이 불분명한, 아마도 사회인이었을 분들도 곳곳에서 시위에 참가했다가 변을 당했다. 구자숙은 종로 5가에서 총에 맞았고, 박순희는 광주에서 시위 중 총에 맞았으며, 안부자는 시청에서 총에 맞았다. 이효희는 서

---

49  이하나, 「전쟁미망인 그리고 자유부인」 『한국 현대 생활문화사 1950년대』, 창비, 2016.

울역 앞에서 총에 맞았고, 지복수는 부산진 경찰서 앞에서, 최봉욱은 부산경찰서 앞에서, 최경자도 부산에서 시위 도중 총을 맞았다. 여성들은 특정 지역, 특정 학교, 특정 연령대만 참가한 것이 아니라 보편적으로 참가하여 남성들과 함께 싸우다 총에 맞아 산화한 것이다.

4·19는 학생 의거도 아니고, 용감한 남자들의 혁명도 아니다. 체제의 모순, 시대의 모순에 어찌 여자들만 예외이겠는가? 오히려 억압받는 약자들이 더 고통스럽고, 그래서 더 적극적으로 참여할 수밖에 없었다. 그렇게 4·19는 희망찬 미래를 향한 혁명이었고, 4·19 이후 그러한 요구들이 폭발적으로 분출할 수밖에 없었던 것이다.

# 6. 생각하는 백성이라야 산다

박정희 군사독재에 결연히 맞선 함석헌과 장준하

**4·19로 탄생한** 장면 정부는 경제 성장을 위한
야심찬 프로젝트, 경제개발 5개년 계획을 세우면서
국토건설 사업을 추진했다. 이 국토건설 사업을 실
질적으로 주도한 이가 바로 기획국장 장준하였다.
그리고 장준하와 함께 「사상계」에서 활동하던 당대
의 정신적 스승 함석헌이 국토건설요원 정신교육 담
당 강사로 활약했다. 5·16으로 싹도 틔워보지 못하
고 꺾여버린 민주적 경제 성장의 꿈은 개발독재라는
전혀 다른 경로로 추진되었고, 장준하와 함석헌은
군사독재와 결연히 맞서게 된다.

사진은 1959년 9월 시드니 후크 박사와의 좌담회를 마치
고 찍은 사진이다. 뒷줄 맨 오른쪽이 장준하이고 앞줄 맨
왼쪽 한복 입은 이가 함석헌이다. 1950년대 이승만 독재에
저항하며 필봉을 휘두르던 이들은 4·19가 일어나자 삽을
들고 경제 건설에 나섰다.

"경제는 박정희"라는 말이 있지만, 경제는 결코 하루아침에 특정 지도자의 노력으로 이루어지지 않는다. 예컨대 혹자들은 와트가 증기기관을 발명한 것은 거짓이라 한다. 증기기관은 이전에도 존재했기 때문이다. 이슬람 과학자들은 증기기관으로 꽤나 다양한 용도의 장치를 만들어냈다. 하지만 산업혁명을 일으킨 그 증기기관은 와트가 발명했다. 또 하나, 와트의 증기기관으로 움직이는 기계는 와트 혼자 만든 것이 아니다. 또 기계로 아무리 물건을 많이 만들어내도 팔리지 않으면 소용없는데, 영국은 이미 충분한 해외시장을 개척해놓았다. 즉, 와트는 거대한 시장의 요구를 받아 이전의 증기기관을 개량하여 다른 기술자들과 협력해서 대량생산 시스템을 만들었는데 이것이 산업혁명으로 이어진 것이다.

경제는 시장, 기술, 노동력, 문화 등이 어우러져 발전한다. 한국 경제도 마찬가지로, 박정희라는 지도자가 무에서 유를 창조해낸 것이 아니라 존재했던 것을 충분히 버무려 새로운 경제를 일으킨 것이다. 그래서 우리가 박정희 시대 경제성장을 이해하려면 박정희 이전 시대의 경제에 대해 주의 깊게 봐야 한다.

전쟁의 폐허 속에서 우리 민족은 절대빈곤에 시달렸다. 오늘날 우리가 원조를 제공하는 에피오피아가 그때는 우리에게 원조를 제공했다. 경제 재건에 대한 목마름은 좌와 우가 따로 없었다. 1950년대는 남이든 북이든 정부가 무엇을 요구해도 국민은 경제 건설에 관해서는 무조건 협력하고 성실히 일했다. 1956~1959년 한국 GNP 평균 성장률은 5.3%, 농업 부문 성장률은 10% 이상이었다. 1950년대 후반 경제원조 감축으로 경제가 큰 어려움을 겪었음을 감안하면 매우 높은 성장률이다. 박정희 시대 GNP 평균 성장률은 9~10% 정도였다.

1950년대 대표적 지식인이었던 진보의 조봉암이나 보수의 장준하도 경제 건설에 큰 관심을 두었다. 1958년 경제원조가 축소되면서 자립경제를 위한 경제개발 계획이 입안될 때 장준하도 기대를 걸었을 것이다. 경제개발 계획에 부정적이었던 이는 오히려 이승만이었는데, 이용원에 따르면 이승만은 경제개발 계획을 제안받자 "그것은 스탈린 사고방식 같은데."라며 거부했다는 것이다.[50] 하지만 1950년대 후반 경제개발 계획이 상당 수준 논의된 것은 사실이다.

장준하는 전형적인 우익 민족주의자였다. 독실한 기독인 집안에서 태어나 일본군에서 탈출하여 임시정부를 찾아가 광복군에 참가한 것은 유명한 일화지만, 김구의 남북협상에 반대해 임정세력

---

50  강준만, 『한국 현대사 산책 1960년대』 1권, 인물과 사상사, 2009에서 재인용. 경제개발 계획은 1930년대 스탈린의 5개년 계획을 시초로 본다. 이로써 소련은 일약 세계적 공업 강국으로 부상하였고, 전 세계적으로 열렬한 찬양을 받았다. 루즈벨트는 대공황기에 경제개발 계획을 자본주의적으로 변용한 뉴딜정책으로 어느 정도 성공을 거두었고, 1950년대에는 북한 등 여러 나라들이 경제개발 계획을 활용하였다. 그러나 경제개발 계획은 형태가 다양하고 시장에 많은 부작용을 일으켰기 때문에 많은 논란을 불러왔다.

과 결별하고 이승만 정부에 참가할 정도로 강한 반공 사상의 소유자임은 상대적으로 덜 알려져 있다. 그런 장준하가 이승만 정부가 친일파를 등용하고 독재정치를 강화하자 날카로운 비판의 칼날을 겨누기 시작했다.

1953년 장준하는 「사상계」를 창간하였다. 양심적이고 민주적인 우익 지식인들을 중심으로 필진을 구성하여 이승만 정부의 독재와 부패를 고발하고 비판하였다. 「사상계」는 지식인과 학생들에게 특히 인기가 높았는데 당연히 정부와 갈등이 심했다. 이때 정부가 가장 두려워한 필자가 함석헌이었다. 함석헌은 1958년 8월호에 '생각하는 백성이라야 산다'라는 글을 통해 이렇게 주장했다.

"우리나라가 일본에서 해방되었다고 하나 참 해방은 조금도 된 것이 없다. 전에 상전이 하나던 대신 지금은 둘셋인 것이다. 국민 전체가 회개를 해야 할 것이다. 피로 땀으로 해야 하는 회개여야 할 것이다."

이 글 때문에 함석헌은 구속되었다. 하지만 「사상계」는 반공과 민족과 민주의 공존을 고민하는 양심적 우익 잡지로 당대를 주름잡았다.

4·19가 일어나자 「사상계」 직원들은 모두 거리로 나갔다. 그리고 승리를 거두자 본격적으로 민족경제 성장을 고민하였다. 그런 고민 속에 나온 것이 '국제연구소'였다. 「사상계」 필진과 각계 주요 인사 30여 명을 연구위원으로 위촉하여 연구논문을 쓰고 이를

「사상계」에서 발간하였다. 사실상 국책연구기관 역할을 한 것이다. 그리고 이것이 국토건설 계획으로 이어졌다.

경제제일주의를 내세운 장면 정부는 경제개발 계획을 만들면서 그 일환으로 1960년 11월 국토건설 사업본부를 발족시키고 1961년 3월부터 사업에 착수하였다. 본부장은 장면 총리가 겸해서 기획부장이 실질적인 본부장이었는데 이를 장준하가 맡았다. 이외에도 「사상계」 사람들이 대거 참여하여 장준하가 "「사상계」가 이 사업을 맡았다."라고 할 정도였다.

그런데 여기에는 이유가 있었다. 장면 정부에서 재무부 장관이 된 김영선은 「사상계」와 함께한 사람이었다. 이미 국토건설이나 경제개발에 대한 장준하와 「사상계」의 연구를 잘 알고 있었기 때문에 장준하에게 국토건설 사업을 제안했다. 그러자 장준하는 국가 주도가 아닌 정부와 민간의 공동사업을 핵심으로 하는 사업 방안을 제안했고 이로 인해 「사상계」가 주도하는 국토건설 계획이 추진된 것이다.

> "경제입국은 무턱대고 외국자본을 끌어다 도회(都會)에 공장부터 짓는 그런 것이 아니라…… 먼저 국토개발의 관점에서 농업 기반의 조성문제, 사회간접자본 확충 문제 등을 심도 있게 논의해야……." (장준하, 『사상계지 수난사』에서)

이러한 기조에 입각하여 장준하가 기획부장, 「사상계」 편집위원 신응균이 관리부장, 이만갑 교수가 조사연구부장, 편집국 유익형 등이 간사를 맡아 책임지고 사업을 시작했다.

국토건설 사업은 최초로 공채로 선발한 요원 2,000여 명이 각지에서 진행한 대규모 공공사업 프로젝트였고, 특히 장준하의 구상인 농촌 개발을 위한 댐과 발전소 건설 등이 추진되었다. 5·16 쿠데타로 겨우 석 달 만에 무산됐지만 박정희 정부의 각종 국토개발사업의 근간이 되었다.[51] 장면 정부는 1961년 4월에서 5월 사이 경제개발 5개년 계획안을 완성하였다. 박정희 정부는 자신들의 5개년 계획이 장면 정부 것을 베꼈다는 평가가 억울하다고 했지만, 지난 수년간 충실하게 만들어진 경제 계획이 있었기에 박정희 경제 개발 계획이 성공적으로 만들어지고 추진될 수 있었다. 장면 정부의 노력과 공을 결코 무시할 수 없다.

장준하 등이 구상한 경제개발은 반공에 기반을 둔 민족적 경제성장이었다. 정권과 결탁하여 부정하게 돈을 버는 것이 아니라 국가적 차원에서 구조를 개선하고 산업을 일으켜 강력한 국가를 건설해서 궁극적으로 체제 경쟁에서 승리하고 강대국을 만드는 것이었다. 이런 그의 사상을 엿볼 수 있는 것이 바로 「사상계」 1961년 4월호에서 북한의 도발을 규탄하고 강력한 반공 의지를 촉구한 글이다. 장준하는 광복군 출신으로 김구와 함께한 사람이었다. 행동하는 지식인이지만 강한 인텔리 의식이 있었고 정치적으로 국민을 선도해야 한다고 생각했던 것 같다. 하지만 박정희 정부는

---

51 이때부터 공무원 공채가 시작되어 서중석은 친일파 중심의 공무원 독점 구조가 깨진 것을 높이 평가하였다.

장준하가 생각하는 민족적 정권이 아니었다. 반공은 일치했지만 민족에 대한 생각은 달랐다. 군정 때부터 터져 나온 한일 굴욕 외교와 4대 의혹 사건 같은 대규모 경제 비리, 그리고 부패 기업과의 결탁은 이승만 정부의 부정한 경제와 다를 바 없었다. 장준하와 「사상계」의 비판의 칼날이 이번에는 박정희 정부를 향하기 시작했다.

"오늘날 건설이라면서 농촌은 버려둔 채 도회 건설을 먼저 하며…… 우리나라와 같은 농업국으로 경제 건설을 도시 건설부터 한 나라는 없을 것이다. 전후 독일, 일본, 대만, 이스라엘이 모두 (농촌에 구매력이 생긴 뒤 도시 건설을 하는) 그런 순서로 시작하여 오늘날의 부를 누리고 있다."

장준하와 박정희의 같은 하늘 아래 살 수 없는 대결은 결국 민족주의와 민족경제의 차이에서 시작되었다. 그리고 장준하는 자신의 뜻을 이루기 위해 민주정부 수립의 길로 나아갔다. 장준하의 저항은 지식인의 명분적 민주주의나 사회주의에 대한 막연한 동경에서 일어난 것이 아니다. 1950년대부터 누적된 왜곡된 정치 및 경제에 대한 저항과 장면 정부에서 민족경제를 일으키기 위해 직접 참여했던 경험과 경륜을 통해 박정희 경제의 대안을 이루기 위해 싸웠던 것이다. 그리고 그 싸움은 끝내 1987년 민주화 이후 한국 경제의 뜨거운 성장과 풍요로 이어진다.

# 7. 장면의 반짝이는 구두

민주당의 한계, 시대의 한계

"**한국민주당의** 첫 사업은 해방 직후 재빠르게 결성한 건국준비위원회와 같은 해 9월 6일에 좌익분자를 중심으로 조직된 이른바 조선인민공화국을 제거하는 데 있었다."

(김학준, 『고하 송진우 평전』, 동아일보사, 1990)

제2공화국의 국가원수인 장면 총리는 국토건설 사업에 나가 삽을 들었음에도 구두에 흙먼지를 묻히지 않았다. 일제 강점기 국민정신총동원연맹 간사로서 가톨릭계 친일파로 활약하고 미 군정 시절에는 분단에 협조했던 장면과 민주당 정치인들의 한계였다. 이들은 아직도 양반의식에 사로잡혀 있었기에 분출하는 민주주의에 대한 국민적 열망을 담아내는 데 한계가 있었다.

4·19 이후 정권을 잡은 민주당의 전신은 한민당이었다. 한민당은 1945년 9월 4일 우익 진영의 대표자들이 모여 결성하였는데 온건한 민족주의 독립운동가와 친일파들이 중심이었다. 대표적 인물은 송진우, 김성수, 조병옥, 윤보선, 허정, 김도연, 장덕수, 윤치영, 김병로 등이었다. 이들은 명문 양반가 출신에 지주나 부호로서 사회주의를 혐오했으며 권위 의식이 강했다. 따라서 민족좌파인 여운형이나 좌익세가 강한 건준, 인공과는 같이할 수 없었다. 그래서 건준 및 인공 타도에 앞장섰으며, 미 군정 장관 등에게 여운형을 부일협력 정치인이라고 매도했던 것이다.[52]

한민당은 「동아일보」를 통해 우익 총궐기를 선동하였다. 그 유명한 모스크바 3상회의 왜곡 보도도 「동아일보」 특종 기사였다. 1946년 분단을 주장한 이승만의 정읍 발언을 가장 열렬히 지지한 것도 한민당과 「동아일보」였다. 한민당은 지주가 주축인 정당이라 개혁의 최대 과제이자 농민들의 여망이었던 농지개혁을 반대할 수밖에 없었고, 친일파가 많아서 일제 잔재 청산을 원하는 국민과

---

52 이후 여운형이 하지를 만났는데 하지에게 "일본에게 얼마나 돈을 받았나?" 등의 질문을 받고 모욕감을 느꼈다고 한다.

도 같이 가기 어려웠다. 오직 반공과 친미로 중앙 권력을 장악하는 수밖에 없었다.

하지만 한민당의 계획은 5·10총선 패배로 좌절되고 말았다. 이승만 대통령의 여당으로 권력을 유지하려던 계획이 총선 패배로 물거품이 된 것이다. 이승만은 한민당을 버리고 무소속의 지지를 받아(이들이 훗날 자유당으로 발전한다) 대통령에 당선되었다. 야당으로 전락한 한민당은 곧 이은 농지개혁으로 타격을 받고 어려움에 빠졌다. 결국 1949년 신익희의 국민당과 통합하여 민국당을 건설하였다. 민국당은 한국전쟁 기간 부산 정치파동(발췌개헌안 사건), 거창 양민 학살 사건 진상 조사 등에서 서서히 야당의 모습을 보이기 시작했다. 하지만 여전히 농촌의 구 지주 세력 중심이라는 한계가 있었다.[53] 적극적인 투쟁보다는 결정적 순간 회유당하고 타협하는 자세를 보였다. 적극적으로 투쟁한 독립운동가 출신들이 아니었기 때문이다.

1954년 이승만이 종신 대통령을 위한 사사오입 개헌을 단행하였다. 이를 막지 못한 민국당은 이승만 장기 독재에 저항하기 위한 체제 개편에 나섰다. 반이승만을 주장하는 세력들의 연대가 모색되었다. 이렇게 창당된 정당이 바로 민주당이다. 민주당은 이런 과정을 거치며 기존 한민당 외에 좀 더 다양한 세력들을 포괄하였다.

---

53  박정희 시대 '야도여촌'이라는 말이 있었다. 야당은 도시에서, 여당은 농촌에서 지지를 받았기 때문이다. 이는 농촌 지주 출신의 한계가 1960년대까지 지속되었다는 것을 의미한다.

먼저 해방 공간에서 백색 테러를 휘두르던 대한민주청년동맹(대한민청), 전국학생총연맹(전국학련) 등의 우익 행동단체들이 들어왔다. 유진산, 김두한, 이철승 등이 이들이다. 또 이승만 정부에서 일하다 반발해서 야당으로 넘어온 사람들이 있었다. 1950년 국무총리를 지낸 장면, 대한부인회의 박순천, 자유당 국회의원 김영삼 등이 이들이다. 이 중 장면과 박순천 등은 친일 경력이 있었다. 소수지만 김구 사후 임정의 한독당 계열 인사들도 들어왔다.

민주당은 보수적이고 때로는 극우적이었다. 그래서 이승만 정부와 투쟁도 했지만 조봉암 같은 진보정당과의 싸움에도 열심이었다. 무엇보다 안타까운 것은 이런 보수적 문화가 대선 후보 선출에서 문제로 드러났다는 것이다. 1956년 대선 후보 신익희는 62살, 1960년 대선 후보 조병옥은 66살이었다. 신익희는 유세 도중 뇌일혈로, 조병옥은 대선 후보 지명 직후 암으로 사망했다. 노령인데다(당시 60살 이상은 상당한 노령이었다) 건강에 문제가 있는 사람을 검증하지 않고 파벌의 우두머리, 또는 연장자라는 이유로 대선 후보로 선출한 것이다.[54] 이 때문에 정권교체가 급선무인 1956년, 1960년 대선 모두 후보 없이 선거를 치렀다. 이토록 무책임한 정당이 민주당이었다.

1960년 3·15부정선거는 막장 드라마 같은 부정선거였다. 당일 마산에서 이를 규탄하는 시위가 일어나 경찰이 발포하고 80여 명

---

54 민관식은 신파의 구파 공격을 이렇게 비난했다. "신파 내 모모 인사들의 대 구파 공격과 극심한 대 유석(조병옥) 공격 언동은 당의 대표의원은 차치하고라도 연령으로 보아 선배의 대접도 아니함이 비일비재하였다."

의 사상자가 났다. 하지만 민주당은 잠꼬대 같은 소리로 시간을 보내고 있었다. 민주당 내 양대 파벌 중 하나였던 구파가 의원직 총사퇴를 주장하자 반대파인 신파가 원내투쟁을 주장하며 제동을 걸었는데 이를 둘러싸고 무려 보름이나 파벌 투쟁으로 시간을 헛되이 보낸 것이다. 결국 신구파가 타협하여 서울에서 3·15 규탄 집회를 연 것은 거의 3주가 지난 4월 6일이었고, 그나마 민주당이 내건 정치적 해결책은 재선거였다. 민주당이 소극적으로 나오자 이승만과 자유당은 오히려 민주당에 역공을 가해 국회를 공전시키고 민주당에 타협을 압박했다.

4월 11일 김주열의 처참한 시신이 떠오른 후에도 민주당 지방 조직은 시위를 벌였지만 중앙당은 무기력했다. 오히려 이승만 대통령 쪽에서 위기의식을 느끼고 내부적으로 대통령 선거 무효 등을 검토하고 있었다.[55] 4월 19일 피의 화요일 사건이 일어났을 때도 국회 개원을 요구했을 뿐이어서 언론도 비판하였다.

> "야당 의원들의 그토록 유약하고 미온적인 태도를 문책하지
> 않을 수 없다. …… 당 태도에 대한 공식 성명이 있어야 할 터
> 인데 그것을 오늘까지 못 보고 있음은 극히 유감된 일이다."
>
> (「동아일보」 1960년 4월 21일자 사설)

---

55 4월 12일 국무회의에서 이승만은 "어린 아이들을 죽여서 물에 던져놓고 정당을 말하고 있을 수 없는 것이니만치 이승만이 대통령을 내놓고 다시 자리를 마련하는 이외에 는……."라고 발언했다.

민주당은 4월 24일에는 이승만 하야와 재선거를 주장하는 신파와 내각제 개헌을 주장하는 구파간의 대립이 또 일어났다. 결국 4월 25일의 대규모 시위로 26일 이승만이 하야할 때까지 민주당은 변변한 역할을 하지 못했다.

4·19 이후 허정 외무부 장관이 과도정부를 이끌었다. 허정은 1920년대부터 이승만의 동지로 활동하였다. 한민당 발기인이지만 5·10총선 이후 한민당과 결별하고 이승만 정부에서 장관과 총리를 지냈다. 인품은 고매하지만 정치적으로는 지나치게 타협적이라는 비난을 받아서, 1960년대 야당 생활 수년 만에 돌연 박정희 정부로 들어갔을 때 모두 그러려니 했다는 주장이 있을 정도이다.

허정 과도정부에 대한 4·19 주체들의 비판이 높았지만 민주당은 개헌에 따른 총선과 새로운 정부 수립에 주력했다. 민주당의 4·19혁명에 대한 무임승차와 타협적 자세에 분노한 혁명 주체들은 혁신정당운동을 일으켰다. 시인 김관식 같은 이는 민주당의 무임승차를 볼 수 없다며 개인적으로 전 재산을 털어 서울 13선거구(종로)의 장면에 도전하기도 했다. 하지만 7월 총선에서 민주당은 233석 중 171석을 차지하였고 혁신정당은 겨우 6석을 차지했으며 김관식은 0.99% 득표율로 낙선했다.

민주당은 구파와 신파로 갈려 파벌투쟁을 계속하고 있었다. 구파는 과거 한민당 발기인이었던 윤보선, 김도연, 조병옥 등을 지도자로 하는 파벌이었고, 신파는 1954년 민주당 창당 당시 들어온 장면, 박순천 등을 지도자로 하는 파벌이었다. 이들의 파벌투쟁은 정권을 잡자마자 극한으로 치달았다. 4·19 이후 수립된 새로운 정부는 내각책임제로 국회에서 선출한 총리가 국가원수인 체제였다. 구파와 신파는 각각 김도연과 장면을 총리 후보로 밀었는데, 이 과정에서 결정적으로 파탄이 났다. 총리는 신파 장면이 당선되었고 2인자인 대통령은 구파 윤보선이 당선되었지만 장면 정부 출범 3개월 만에 구파가 신민당으로 갈라져 나오고 말았다.

민주당(신파)과 신민당(구파)의 갈등, 총리와 대통령의 갈등으로 정부는 무기력했고 혁명 이후 산적한 과제를 해결해나갈 동력을 얻을 수 없었다. 남북대화 요구와 군대 개혁, 경제개발 같은 굵직굵직한 사안들에 모두 땜질처방으로 일관했다. 결국 군대 개혁 과정에서 불만을 품은 육사 8기생을 중심으로 박정희가 쿠데타를 일으켜 장면 정부를 무너뜨리고 말았다.

쿠데타가 일어나 혁명으로 세운 정부가 부정당했을 때, 장면 총리는 숨어다니다 사흘 만에 나타나 혁명을 승인하고 물러났다. 윤보선 대통령은 "올 것이 왔구만."이라며 쿠데타에 모호한 태도를 취해 초반 진압의 기회를 놓치고 말았다. 그래서 윤보선은 쿠데타보다 신파 정부의 붕괴에 더 관심을 가진 것이 아니냐는 억측들로부터 괴롭힘을 당했다.

민주당이 시대적 상황 속에서 나름대로 최선을 다했다는 긍정적 평가들도 있다. 민주당의 체질과 수준을 생각한다면 일리 있는 평가이다. 그러나 4·19혁명에서 보여준 국민의 행동이나 의식 수준은 그보다 훨씬 더 높았다. 장면 정부의 실패는 국민 수준과 정당 수준이 일치하지 못할 때 정치와 민주주의가 어떻게 발목 잡히는가에 대한 교훈을 일깨워주며, 정권교체나 민주주의를 국민의

수준 문제로만 이야기하는 태도에 대한 경종을 울려야 할 필요성
을 절감케 하는 역사적 사례이다. 4·19의 실패는 혁명은 국민이
했지만 정권은 민주 의식이 부족한 정치인에게 맡겨야 했던 시대
적 한계였다.

# 5부. 1961-1971

# 1. 유신의 소통령, 또는 '버러지 같은 지식'

시작과 끝을 박정희와 함께한 차지철

1961년 5월 18일 모습을 드러낸 쿠데타 주동자 박정희, 그의 옆에 당당한 자세로 서 있는 얼룩무늬 군복의 대위가 바로 차지철이다. 이날 인연을 맺어 18년 동안 '박정희교'의 교주와 신도로 동고동락했으며, 1979년 10월 26일 함께 김재규의 총에 맞았다.

사진은 1961년 5월 18일 쿠데타 주역들이 최초로 공식석상에 모습을 드러낸 장면이다. 박정희의 경호를 맡은 박종규(왼쪽)와 차지철은 나란히 청와대 경호실장을 하며 박정희의 측근으로 활약했다. 박정희 시대는 청와대 경호실의 시대이기도 했다.

1961년 5월 16일 새벽 2시 30분부터 일단의 군인들이 서울로 쳐들어왔다. 공수단과 해병대에 6군단 포병대 등 일부 육군 병력이 가세한 약 3,600여 국군 병력으로, 특히 해병대가 주력이었다. 해병대는 2시 30분 주둔지를 떠나 4시경 한강 인도교의 헌병대 저지선을 뚫고 서울 시내로 난입, 서울역 앞에서 경찰의 저지마저 뚫고 방송국, 총리 숙소(반도호텔), 시청 등을 차례로 장악하는 한편 현석호 국방부 장관 등 정부 요인을 체포하였다. 그리고 5시, 방송국에서 혁명 공약 방송이 시작되었다.

> "친애하는 애국동포 여러분, 은인자중하던 군부는 드디어 오늘 아침 미명을 기해서 일제히 행동을 개시해, 국가의 행정, 입법, 사법 3권을 완전히 장악하고, 이어서 군사혁명위원회를 조직했습니다."

쿠데타는 이미 15일 저녁에 정부에 보고되었지만 장면 정부는 마치 한국전쟁 전야의 이승만처럼 무기력하게 보고만 있었다. 그는 쿠데타군이 몰려오자 황급히 도망치다 안경을 깨뜨리고 말았다. 아무에게도 알리지 않고 카멜 수도원에 숨어 있던 장면 총리는 18일에야 나와 장면 정부 해산을 선언하고 '쿨하게' 물러났다. 윤보선 대통령은 사태를 수수방관하면서 장면 정부의 붕괴를 즐기는 듯한 인상을 주어 훗날 엄청난 비판에 시달렸다. 이로써 60만 국군 통수권자들은 3,600병력 지휘자에게 패배하고 권력을 내놓은 희대의 촌극을 연출하며 역사의 무대에서 퇴장하였다.

5·16의 원인은 크게 세 가지로 볼 수 있다. 장면 정부의 국군 감축 계획에 따른 장교들의 인사적체 및 정리해고 위협, 진보세력 진출에 대한 보수파들의 두려움, 부정축재로 위기에 몰린 기업들의 불만이 그것이다. 그러므로 새로 등장한 정부는 군 장성들의 요직 장악, 진보세력 숙청, 기업과 군부의 결탁이라는 특징을 갖는다.

박정희 정부부터 전두환, 노태우 정부까지 한국 고위직은 군인 출신들이 많았다. 예를 들어 1971년 21명의 내각 가운데 군인 출신은 7명(국무총리 김종필, 내무 오치성, 법무 신직수, 국방 정래혁, 체신 신상철, 무임소 이병옥, 원호처 장동운)이었고, 중정부장 이후락과 경호실장 박종규도 군인 출신이었다. 비서실장 김정렴도 육군 준위로 군을 제대하였다.[56]

군 인사들이 요직을 차지하면서 정치에도 군대 논리가 들어왔다. 엄격한 상명하복은 물론이고 계급보다 직책을 중시하는 문화도 강했다. 그래서 대통령을 가장 가까이에서 보좌하는 경호실장

---

56 1983년 전두환 정부 장관급 인사 24명 중 군 출신은 7명, 1988년 노태우 정부 장관급 25명 중 4명이 군 출신이었다. 반면 김대중 정부부터는 국방과 통일을 제외하면 군 출신 장관을 보기 어려웠다.

이나 중앙정보부장이 절대적인 권력을 휘둘렀다. 경호실장 박종규, 중정부장 김형욱, 이후락 등은 권력 실세 중 실세로 정치와 국정 전반을 마음대로 주물렀다. 일반인에게는 이해하기 어려운 모습이지만 군사정권 내에서는 실세들의 월권이 가능했다.

이 중에서도 박정희 정권 18년 동안 함께한 인물이 바로 차지철이다. 그는 군사정권에서는 이색적인 인물로, 육사 출신이 아니다. 사병으로 시작하여 육군 간부학교를 나와 소위로 임관하였고, 미국 공수단 양성소인 레인저 스쿨에 유학을 다녀온 후 공수단 대위가 되었다. 그리고 1년 뒤 5·16쿠데타가 일어나자 1공수 장교로 참가하였다.

공수단장 박치옥 대령은 쿠데타가 일어나자 차지철 등에게 박정희 경호 임무를 맡겼다. 그래서 5월 17일, 아직 쿠데타 성공 여부가 불확실한 긴장의 시간에 중무장한 채 박정희 옆에 서 있었던 것이다. 박정희는 과묵하고 충실하며 쿠데타 주역들과 관계도 없는 차지철을 믿고 중용하기 시작했다.

차지철의 첫 임무는 국회의원이었다. 1963년 공화당 비례대표 22번으로 출마, 당선되었다. 그의 역할은 국회 내 돌격대로서, 야당이 정부를 비판하거나 정부 결정을 방해할 경우 행동으로 제압하는 것이었다. 차지철은 그 선두에서 서서 심심찮게 신문지상에 이름을 올렸다.

"차지철 의원 등이 욕설과 고함을……." (「동아일보」 1964년 1월 15일자)

"차지철과…… 말싸움이 벌어지자 국회 안은 진흙탕"(「동아일보」 1964년 4월 21일자)

"여당의 행동대 차지철 등이 우르르 몰려나오면서 한바탕 쇼를……."(「동아일보」 1964년 8월 3일자)


1964년 8월 4일에는 야당과 협상을 진행 중인 공화당 김진만 의원의 멱살을 잡고 끌고 가 주먹질을 해서 그 이름을 만천하에 떨쳤다. 그럴수록 박정희의 신임은 더욱 깊어졌다. 1967년 7대 총선부터는 고향인 경기도 이천에서 출마하여 9대까지 세 번 연속 당선되었다. 권력 실세로서 항상 여유 있게 당선되었지만 유신 이후 치러진 9대 총선(1973년)에서만은 2,000표 차이로 아슬아슬하게 이겼다. 아마 이때부터 유신에 대한 민심의 변화를 느꼈으리라.[57] 그리고 얼마 후 청와대 경호실로 자리를 옮겼다.

"각하를 지키는 것은 국가를 지키는 것이다."

차지철은 경호실 목표를 이렇게 정했다. 통치권자와 국가를 동일시하는 것은 왕정 체제이다. 덴노와 일본을 동일시하는 일본 군국주의의 못된 관념이 여전히 군인들 사이에 스며들어 있었던 것이다.

그는 대통령의 권력을 지키는 전위대로서 경호실을 규정하고 무력 강화에 나섰다. 먼저 병력을 4개 대대 2,000~3,000여 명으

---

57 이천은 전통적으로 여당세가 강해서 지난 스무 번의 총선 중 민주당 계열의 당선은 딱 두 번(16대, 17대)뿐이었다. 따라서 1973년 총선 결과는 민심의 이반 현상을 보여주는 것으로 해석할 수 있다.

로 늘리고 탱크, 장갑차, 헬기 등 중화기로 무장했다. 여기에 경호실 직위도 장성급으로 격상해서 작전차장은 중장을, 작전차장보는 준장을 임명했다. 그리고 경호상 필요를 이유로 국방장관, 내무장관, 수도경비사령관, 보안사령관 등을 경호실장이 통제할 수 있도록 했다. 당연히 내무부, 중정, 보안사, 수경사, 경찰 등에 세력을 미칠 수 있었다. 경호실이 대통령을 경호하겠다는 것인지 국민과 전쟁을 하겠다는 것인지 알 수 없었다.

무력을 토대로 정치에 간여했다. 작전차장보에 전두환, 노태우, 김복동 등을 중용하여 하나회를 관리하였고, 각종 경호 관련 회의를 통해 군인 및 정치인들을 부르고 인사에 개입하였다. 경호실이 자체적으로 요원들을 운영하여 정치공작을 펴기도 했는데, 신민당 이철승과 김영삼의 당권 투쟁은 경호실도 깊이 관여한 사건으로 알려졌다.

압권은 국기 하기식이었다. 1주일에 한 번씩 경복궁의 30경비단 연병장에서 경호 병력과 중화기를 동원한 사열식을 했는데 여기에 각계의 주요 인사들을 불러 참관시킨 것이다. 박정희 대통령의 국군의 날 사열식을 축소해 만들었다는 이 경호실 국기 하기식은 참모총장, 장관 등 국가 요인들부터 지식인, 언론인까지 모두 부르면 반드시 와야 하는 행사였다. 그래서 차지철은 '소통령'으로 불리기도 했다.

박정희를 아버지이자 신이라고 여기던 열혈 '박정희교도' 차지철은 결국 박정희와 함께 운명을 다했다. 1979년 10월 부산, 마산에서 반정부 시위가 거세게 일어나자 차지철은 "탱크로 밀어버리면 된다. 100만 명쯤 죽어도 상관없다."라고 공언했고 박정희도 "통수권자인 내가 발포 명령을 내리는 것은 죄가 아니다."라며 동조했다. 이에 대규모 유혈 사태를 우려한 김재규는 1979년 10월 26일 밤 궁정동 안가에서 차지철에게 권총을 겨누며 소리쳤다.

"각하, 이런 버러지 같은 자식을 데리고 정치를 하니 올바로 되겠습니까?"

김재규는 차지철에게 2발을 쏘아 쓰러뜨리고 박정희에게도 2발을 쏘아 절명시켰다. 박정희는 병원으로 옮겨지고 차지철은 방치되어 있었는데 뒤에 중정부원이 와서 소총으로 확인 사살했다. 차지철의 시신은 다음 날 현장 확인이 끝난 후에야 옮겨졌다.

차지철은 1961년 5월 16일부터 1979년 10월 26일까지 박정희와 함께한 가장 충성스러운 군인이었다. 그는 오직 박정희를 위해 살았고 박정희의 뜻을 받들며 살았다. 그리고 아마도 내심 후계자 자리를 욕망했을 것이며, 그것이 그 시대를 산 정치 군인들의 본심이었을 것이다.

## 2. 중학교 입학시험과 우골탑

치열한 입시경쟁, 부익부 빈익빈의 또 다른 풍경

KS인맥이라는 말이 있다. '경기중-경기고-서울대'라는 한국 최고 엘리트 인맥을 말한다. 아무리 일해도 소수가 부를 독점하고 농민과 노동자는 빈곤에 시달리던 시절, 믿을 것은 자식농사 뿐이었다. 시골 아버지가 소 팔아 아들을 서울과 대도시에 보내면, 좋은 학교에 가기 위해 자식들은 중학 입시, 고교 입시, 대학 입시에 청춘을 바쳤다. 우골탑 신화는 한국 부익부 빈익빈의 또 다른 풍경이었다.

사진은 1960년대 중학 입학시험을 치르는 초등학생들의 모습이다. 겨우 12살 먹은 어린 아이들이 명문 중학을 가기 위해 인상을 찌푸리는 모습은 바로 한국 어린이에 대한 어른들의 자화상이다.

일제하 우민교육으로 한국인의 문맹률은 80%에 가까웠다. 미군정기에도 문맹 퇴치는 쉽지 않았는데 당국이 야학 교사들의 사상을 의심해서 규제했기 때문이다. 그래서 해방 이후 한동안 제대로 글을 읽고 쓸 줄 아는 사람이 거의 없어 국회의원 중에도 문맹이 있었다. 한국의 문맹 퇴치는 정부 수립 이후, 특히 한국전쟁 이후 본격화되었다. 가장 큰 동기는 징병제로, 적은 인구로 70만에 가까운 대군을 유지하기 위해서는 사회에서 미리 기초 교육을 해야 했기 때문이다.

초등학생[58] 수는 기하급수적으로 늘어났다. 해방 직후 180만 정도였던 초등학생이 1958년에 360만 명으로 2배나 늘어났다. 물론 학생 수의 증가를 시설이 따라가지 못해 콩나물 교실 문제도 심각했다. 한국은 1970년대까지 한 교실 80명에 2부제, 3부제 수업의 홍역을 치렀다.

---

58 당시는 '국민학교'라고 했다. 국민학교는 일제 강점기 '황국신민학교'를 줄인 말로 대표적 일제 잔재였지만 해방 이후 국민을 강조하는 교육 이념 때문에 그대로 존속되었다. 1995년 해방 50주년을 맞아 대대적인 일제 잔재 청산을 하며 초등교육 기관 명칭도 개정했는데, 이때 보통학교와 초등학교를 두고 논쟁하다 초등학교로 결정되었다. 초등학교란 중고등학교를 위한 기초 교육의 의미여서 입시교육을 강화한다는 반대가 있었지만 무시되었다.

그러나 중고등학교는 많지 않았다. 1960년 고등학생은 27만여 명, 대학생은 10만여 명이었다. 당연히 상급 중학, 상급 고교로 가기 위한 입시 경쟁이 치열할 수밖에 없었다. 그런데 한국의 입시 열풍이 단지 고교와 대학의 좁은 문 때문이었을까?

1950년대 입시 열풍의 원인 가운데 하나는 친일파 등용과 밀접한 연관이 있었다. 해방 이후 대부분의 독립운동가 집안 출신들은 문맹에다 무학이었다. 독립운동가들은 독립운동을 하면서 자식들까지 교육시킬 능력이 없었다. 물론 계속 일제 강점기를 살았다면 민족교육기관에서 독립투사로 키워지며 다양한 학문을 배웠겠지만 문제는 해방이 되었고, 이후 교육이 철저하게 이승만 정부에 대한 충성과 실용 중심으로 구성되었다는 것이다. 친일파 집안 출신들은 새로운 교육 환경에 절대적으로 유리했지만 독립운동가 출신들은 그렇지 못했다. 부유하고 과외 등 양질의 사교육을 받을 수 있는 친일파들이 가난하고 콩나물시루 같은 학교 교육에 의존하는 독립운동가 출신들에 비해 절대적으로 유리했던 것이다. 이로써 얼핏 대단히 합리적이고 기회균등적으로 보이는 입시제도는 일제 강점기에 형성된 기득권을 대물림하는 가장 좋은 방편이 되었다.

물론 입시지옥의 고통만큼은 모든 아이들이 평등하게 나누어 가졌다.[59] 극소수 상류층들이 이런저런 편법으로 대학에 가기도 했

---

59 어려운 환경에서 입시경쟁을 뚫고 일류대학에 들어간 사람들은 자신의 성과를 정당화하기 위해 자기 옆의 상류층들도 실력이 있음을 인정해야만 했다. 권력의 지식인 포섭은 입시의 또 다른 결과였다.

지만 그런 특혜는 극소수 권력층의 문제여서 입시의 근간을 흔들 정도는 아니었다. 부와 권력의 대물림 수단인 입시는 남녀차별의 시대 아들에게 부여된 숙명이었으며 이를 위해 어머니를 비롯한 여성들의 희생이 강요되었다. 아들 선호-입시-여성의 희생-남녀 차별의 악순환의 고리가 탄생했다. 노근리 학살 사건 당시 양해찬의 증언이다.

"어머니가 나를 맨 밑에 엎드리게 하고 그 위에 내 여동생을 얹고 당신 몸으로 우리를 감쌌어요."

미군 전투기가 피난민을 덮치자 어머니는 맨 밑에 아들을, 그 위에 딸을 얹고 자신이 맨 위에서 온몸으로 감쌌다. 결국 어머니는 중상을 입었고 딸은 눈을 잃었으며 아들은 무사했다. 그렇게 보호한 아들은 집안을 일으키기 위해 입시전장으로 나아갔다. 유복한 가정에서 충분한 지원을 받는 집안 아이들과 경쟁하기 위해서는 극단적인 정신무장과 열의가 필요했다. 어느 소년은 전쟁 당시 피난길에서 어머니가 생필품 대신 어렵게 구한 수학책 하나만 챙겨주었다고 술회했다. 입시는 목숨이었다.

"돈암동 모 국민교 6학년 아동이 새벽 과외원업차 등교 도중 졸도 끝에 사망하였다. 서울 시내 국민교에서는 6학년 아동에게 새벽과외, 오후 늦게까지의 수업과 담임선생 집에서의 심야수업의 3종으로 공부 아닌 고역을 시키고 있다."(「경향신문」)

1960년대에 중고등학교와 대학교가 기하급수적으로 늘어났다. 1979년에는 고등학생이 160만 명, 대학생은 40만 명이나 되었다. 그렇다면 입시지옥은 사라졌을까? 전혀 달라지지 않았다. 입시의 본질이 변하지 않았기 때문이다.

"사대(私大)의 팽창은 농민의 소 판 돈으로 충당되었소. 삐죽삐죽한 대학 정문이나 건물들은 농우(農牛)의 뿔로 세워진 우골탑이 아니고 뭐요?"

1969년 1월 국회 문교특감에서 이성수 의원(공화당, 비례)의 '우골탑' 발언은 곧 언론에서 적극 보도되면서 당시 입시와 대학 실정을 고발하는 대표적 단어가 되었다. 대학 정원은 늘렸지만 취업의 문이나 계층 이동의 기회가 좁았기에 대학을 서열화시킬 뿐이었다. 이광일 교수는 이렇게 진단했다.

"사회적 저변에 위치한 이들의 처지를 이해하고 대변해줄 수 있는 사회정치세력이 거의 존재하지 않는 상황에서 그와 같은 부당한 현실은 외견상 자연스러운 것이었고 결국 문제는 개별 노동자 자신의 능력 문제로 치환돼버리곤 했다. 따라서 작업장에서 부딪히는 이러한 현실을 넘고자 하는 이들 노동자들의 욕망은 우회로를 찾게 되었고, 그것은 2세 교육에 대한 집착 등으로 표출됐다."[60]

민주주의도 부의 분배도 이루어지지 않는, 국가가 경제를 통제하는 권위적 계획경제 국가에서 경제 성장에 소외된 노동자들이 자신의 빈곤과 불우함을 극복할 수단으로 자식의 일류대 입학 외에 선택의 여지는 없었던 것이다. 이런 모습은 우리가 가까운 이웃에게서 항상 보고 들을 수 있는 것이었다. 1961년 영화 「마부」에서 아버지 김승호가 아들에게 하는 말이다.

"내가 13살 때 할아버지를 떠나 만주를 갔다. 아버지가 마차를 끌며 공부시키겠다고 학교에 보냈어. 나는 돈을 벌겠다고 했어. 그러자 아버지는 따귀를 때리며 소리를 질렀지. 그리고 얼마 후 아버지가 돌아가셨어. 아버지를 묻고 살아갈 일에 통곡을 했어. 그렇게 나는 공부를 못 했다. 이번에는 내가 애비 노릇을 할 테니 꼭 시험에만 붙어라."

그렇게 가난한 권위의 시대 아버지들은 오직 자식 교육만을 시켰고, 그 교육열만은 정권도 어쩔 수 없었다. 입시교육을 완화하기 위해 역대 정부와 교육계는 무던히도 애를 썼다. 박정희 정부는 1968년 중학 입시를 폐지하여 초등학생의 과중한 입시 부담을 덜어주었고 전두환 정부는 일체의 사교육을 금지함으로써 대입

---

60 이광일, 「한국 사회의 노동과 민주주의」 『다시 대한민국을 묻는다』, 한울, 2008.

지옥의 유황불을 꺼보려고 노력했다. 하지만 닫힌 사회의 유일한 통로인 입시를 막을 수는 없었다.

노동자 농민 부모들이 가난을 대물림하지 않으려 우골탑을 쌓아가며 어렵게 공부를 시켜 자식들을 대학에 보내려 했다. 그러나 여전히 사회는 닫혀 있고 입시지옥은 대물림되었다. 이제는 심지어 '헬조선'이라 하며 결혼도 출산도 하지 않으려는 시대가 되었다. 현재 20~30대는 부모 되기 가장 두려운 이유로 입시와 그에 따른 과중한 사교육비를 꼽고 있다.

하지만 결국 이 모든 것은 닫힌 사회, 차별 사회의 숙명이다. 전 세계 어느 나라이건 입시가 있고 일류대학이 있지만 한국이 일본과 함께 유례없이 가혹한 입시지옥을 겪는 이유는 노동이 정당한 대가를 받지 못하고 직업 선택만으로 자유로운 계층의 수평 수직 이동이 이루어지지 못하기 때문이다.

끝으로 한마디 덧붙이자면, 혹자들은 한국의 높은 교육열이 자랑거리이며 이로 인해 경제 성장이 가능했다고 한다. 하지만 그 높은 교육열은 정치와 제도로부터 소외된 국민들의 자발적 노력에서 이루어진 것이다. 정부와 교육자들의 노력 덕이라는 식으로 이야기해서는 안 된다. 한국이 IT 강국이라지만 일본이나 싱가포르처럼 정부가 인터넷 선을 깔아준 것이 아니라 국민들이 스스로 돈 내서 자기 집에 열심히 깔고 이용한 덕이 아닌가? 밥상은 국민이 차렸는데 정부와 지식인이 숟가락 얹으려는 짓은 하지 않기를, 제발 자기 역할을 좀 해주기를 바란다.

# 3. 박정희 무덤에 침을 뱉으러 왔다

김중태와 6·3세대

군사독재에 저항하던 학생들은 서울대 민비연을 중심으로 뭉쳤다. 그리고 한일 굴욕외교에 맞서 민비연 김중태를 중심으로 격렬히 투쟁했다. 김중태, 김지하, 이명박, 이재오로 이어지는 이른바 '6·3'세대는 박정희 시대 최초의 저항 세대로 기록되며, 지난한 한국 학생들의 민주화 여정의 시작이었다.

사진은 1964년 6월 3일 한일 굴욕외교 반대 단식농성장에 나타나 연설하는 김중태의 모습으로 추정된다.(『경향신문』 1964년 6월 4일자 사진 참조) 김중태는 이날 학생들 앞에서 연설한 뒤 동대문 경찰서로 자진 출두하여 연행되었고, 이후 1960년대 학생운동의 대표자로 엄청난 수난을 겪었다.

5·16으로 권력을 잡은 박정희와 군부는 군정 시절부터 한일 국교 정상화를 추진하였다. 한일 국교 정상화는 해방 이후 단절된 국교를 재개하는 '20세기판 기유약조'[61]로서, 이승만 정부 시절부터 추진되었다. 그러나 샌프란시스코 강화조약에 따라 일본의 경제 성장에 해를 주지 않는 선에서 배상 문제를 타협해야 한다는 원칙 때문에 국교 정상화 교섭은 번번이 결렬되었다. 35년이나 식민 지배를 받고 누구보다 혹독하게 수탈당한 우리로서는 그런 수준의 배상을 받아들일 수 없었기 때문이다.

이승만 정부에 이어 장면 정부에서도 국교 정상화가 결렬되자 미국과 일본은 박정희에게 큰 기대를 걸었다. 1961년 박정희(당시 재건회의 의장)를 미국으로 초대한 케네디 대통령은 군사 정부를 인정하는 대가로 한일 국교 정상화를 요구할 정도였다. 일본도 미국과의 교섭을 통해 한일 국교 정상화를 하루 빨리 매듭짓고 싶어 했다. 일본에게 배상금은 큰 문제가 아니었다. 중요한 것은 한국이라는 새로운 투자 시장이었고, 이를 위해서는 경제 교류가 절실했다.

---

61  임진왜란이 끝난 후 조선과 일본이 국교를 재개한 조약(1609).

박정희의 오른팔 김종필이 일본에 가서 일본 외상과 교섭을 벌였다. 당시 박정희나 김종필의 관심은 국교 정상화로 받아낼 경제개발 자금이었다. 일본은 8,000만 달러를 제시했지만 한국은 최소한 8억 달러는 돼야 경제개발을 할 수 있다는 입장이었다. 10배나 차이가 나자 교섭이 지지부진했다. 그러자 미국이 나서 3억 달러를 제시했다. 마침내 1962년 김종필과 일본 외상 오히라는 3억 달러는 무상으로, 3억 달러는 차관으로 제공, 기타 민간 외자 유치라는 6억 달러+$a$에 합의했다. 이것이 이른바 '김종필 오히라 메모'이다.

한일 국교 교섭은 이 김종필 오히라 메모를 토대로 진행되어 1964년에는 "3월 타결 4월 조인 5월 비준"의 일정이 발표되었다. 하지만 오직 경제개발 자금 확보에만 치중한 국교 정상화 방안은 국민들의 엄청난 비판과 저항에 직면하였다. 국교 정상화의 본질인 역사 청산이 빠졌기 때문이다. 강간범이 사죄도 않고 처벌도 안 받고 "결혼 해주면 되지 않느냐?"고 하는 격이었다.

당시 제기된 문제점들을 살펴보면, 먼저 식민 지배에 대한 명백한 사죄와 재발 방지가 빠졌다. 일본은 6억 달러+$a$에 대하여 '독립 축하금'이라고 주장했다. 독립 축하금이란 일제 식민 지배를 잘 받아 훌륭하게 성장한 조선 민족을 치하한다는 의미로, 오히려 식민 지배를 긍정하는 의미였다. 또 한일병합 및 그 이전에 맺은 조약은 "이미 무효"라고 하였다. 이는 1948년 이후 무효가 되었다는 의미로 역으로 이야기하면 1948년 이전의 것들은 모두 합법, 즉 을사조약이나 일제 강점이 모두 합법이란 의미였다. 이외에 이승만 시대에 선포된 40해리 영해권 포기, 일본이 약탈해 간 문화재 반환의 사실상 포기[62], 징용 및 정신대 등에 대한 민간인 피해 보상 청구권 포기 등도 합의되었다. 심지어 독도에 대한 한국 영토 확인도 포기하여 오늘날까지 독도 분쟁을 일으키는 원인을 제공하였다.

박정희 정권의 한일 국교 정상화 추진에 대해서는 많은 이들이 비판하고 저항하였지만 정작 가장 중요한 비판세력인 야당은 믿을 것이 못 되었다. 당시 야당은 민정당(구파), 민주당(신파) 등 여러 당으로 분열된 데다 친일파 출신들이 많아 명확한 역사 청산의 철학이 부재했다. 그래서 야당도 청구 금액에 집착했다. 민정당 등은 27억 달러를 제시하며 6억 달러가 너무 적고 굴욕적이라고 비판하였다. 그러나 당시 일본 외환보유고가 18억 달러인데다 미국의 일본 경제 성장에 대한 의지가 워낙 강력해서 배상금 협상은 처음부터 한계가 많았다.

그런 의미에서 진정한 한일 국교 정상화 반대 투쟁은 학생과 지식인만이 희망이었다. 여기서 6·3세대라 불리는 학생운동의 본격적 역할이 시작되는 것이다. 이 중 가장 치열하게 투쟁을 주도했던 서울대를 중심으로 이야기해보자.

1964년 서울대 투쟁의 중심에는 민족비교연구회(민비연)라는 동아리가 있었다. 제3세계 민족주의를 연구하는 동아리로 황성모 교

---

62 약탈한 문화재 중 일본 정부 소유만 반환하기로 했는데 이는 전체 약탈 문화재의 5% 수준이라고 한다.

수가 지도교수였고 현승일이 회장이었다. 한국 학생운동은 정권의 탄압 때문에 총학생회 같은 공식 조직보다는 동아리나 배후 조직이 운동을 지도했는데 민비연이 그런 역할을 한 셈이었다.[63]

민비연은 김중태를 중심으로 대일굴욕회담반대투쟁위원회를 조직하고 시위를 준비하는 한편 타 학교와 연락하여 대규모 시위를 계획하였다. 예를 들어 고려대는 민족사상연구회(회장 최장집)를 중심으로 3월 중순 시위를 준비하다 김중태로부터 3·24시위를 제안받자 단독 시위를 포기하고 공동투쟁을 결정한다.

마침내 3월 24일부터 대규모 학생 시위가 일어났다. 24일 서울 주요 대학이 시위를 벌였고 25일에는 부산, 대구 등 지방에서도 시위가 일어났으며 고등학생들도 적극 참가하였다. 수만 명이 참가한 시위가 시내 중심가에서 일어나 최루탄과 돌이 난무했다. 하루에 수백 명씩 학생들이 연행되었지만 학생들은 역사 청산 없는 한일회담을 반대하며 투쟁을 멈추지 않았다. 3월 30일 박정희 대통령이 학생대표들과 면담했지만 돈이 우선인 정권과 역사 청산이 우선인 학생의 대화는 접점을 찾지 못하고 평행선을 달릴 수밖에 없었다.

4월 시위는 4·19를 전후해서 격렬하게 일어났다. 특히 4월 초 잇달아 터진 중앙정보부의 학원 사찰, 한일 협상 과정에서의 커넥션 문제 등이 제기되면서 한층 더 시위가 격렬해졌다. 학생들은

---

63 정권은 이러한 동아리나 배후 조직을 북한과 연결시켜 간첩단이나 이적단체로 조작하고는 했다. 민비연, 전국민주청년학생총연맹(민청학련), 구국학생연맹(구학련) 등이 각 시대를 대표한 이른바 '이적단체'들이었다.

"민족자립의 토대 위에 한일 국교 정상화"를 내세우며 박정희 정부의 일방적 성장 위주 경제정책을 비판하였다. 또 시위 진압에 주한미군 최루탄이 사용되면서 미국의 개입에 대한 비판도 점점 고조되었다.

5월에는 서울대 물리대 축제에서 그 유명한 '민족적 민주주의 장례식'이 거행되었다. 박정희가 내세운 민족적 민주주의의 허구성을 폭로하고 민족자립경제를 주장하는 시위였다. 이날 김지하가 지은 조사가 낭독되면서 박정희 시대 대표 저항문학의 역사가 시작되기도 했다.

> "시체여! 너는 오래전에 이미 죽었다. 죽어서 썩어가고 있다.
> 넋 없는 시체여! 반민족적 비민주적 민족적 민주주의여! ……
> 시체여! 백의민족이 너에게 내리는 마지막의 이 새하얀 수의
> 를 감고 훌훌히 떠나가거라. 너의 고향 그곳으로 돌아가거라.
> 안개 속으로 가거라. 시체여!"

당시 학생시위는 기존의 선언문 낭독과 시위 일변도에서 탈피하여 학생의 다양한 문화적 성숙을 드러내고 있었다. 화형식이나 장례식 같은 퍼포먼스, 단식이나 혈서 같은 표현, 노래와 시의 난무 등 계몽적 시위라기보다 참여를 유도하는 시위문화가 성장하기 시작했다.

시위의 절정은 6월 3일이었다. 서울대생들의 단식농성으로 고조된 분위기가 6월 3일 대규모 시위로 폭발한 것이다. 학생, 시민

1만여 명이 세종로 일대에 집결해 중앙청 앞에서 경찰과 대치하였다. 경찰 저지선이 무너져 청와대 진입로까지 진출한 시위대를 수경사 군인들이 막는 일촉즉발의 위기 상황이었다. 박정희가 하야를 고민하고 헬기로 청와대 탈출까지 고려할 정도였다. 그러나 미국과 군부의 강력한 지지가 박정희를 살렸다. 6월 3일 저녁 9시 30분 계엄이 선포되고 4개 사단 병력이 대학가를 점령하고 무차별 체포, 연행함으로써 시위는 진압되었다. 1965년 한일 국교가 공식적으로 체결될 때도 격렬한 시위가 일어났지만 역시 위수령으로 군대를 통해 진압하였다.

6·3은 4·19와는 다른 형태의 사건이었다. 중고등학생보다 대학생의 시위 주도가 두드러졌고 시위 문화가 한층 성숙해졌으며 군대가 정권 안보를 위한 무력임이 드러났다. 이 사건을 계기로 박정희 정부는 군사정권의 성격을 한층 노골화했으며 학생운동과의 오랜 갈등도 공식화되었다. 학생운동이 정치적 영향력을 갖게 되었으며, 큰 사건을 경험한 학생운동 출신들이 이후 정치와 학문 등에 영향을 끼치기 시작했다.[64]

물론 한계도 많았다. 대표적인 것이 6·3세대의 이후 모습이다. 민족주의나 민주주의에 대한 경험과 사상적 성숙의 한계로 막상 사회로 나가면서 길을 잃고 방황하기도 했다. 김중태는 처음에 목숨이 위험할 정도로 탄압받았다. 1964년 소요죄, 1965년 민비연

---

64  염무웅은 6·3시위를 계기로 대학생이 정치화되고 대학이 현실 정치의 중심으로 진입하ww게 되었다고 평가했다. (임유경, 「대학과 광장의 탄생」 『한국 현대 생활문화사 1960년대』, 창비, 2016)

내란음모 사건으로 구속, 다시 동백림 사건[65]으로 체포된 후 민비연이 동백림 간첩단과 연루된 반국가단체로 규정되어 징역 2년의 실형을 살았다. 결국 그는 1969년 7월 출소 직후 미국으로 망명하였다. 미국으로 도피, 오랫동안 망명생활을 하던 김중태는 박정희 사후 귀국하면서 기자들에게 "박정희 무덤에 침을 뱉으러 왔다."라고 일갈했다. 그러나 1980년 1월, 11년 만에 귀국한 그에게 이미 한국은 단절된 사회였다. 고대사를 연구하는 이른바 재야사학자로 활동하며 정계 진출을 노렸지만 번번이 실패하다 2012년 박근혜 정부에 참여하여 오늘에 이르렀다.

김중태의 삶에서 보듯 치열하게 싸운 6·3세대는 특히 1980년대에 정치적으로 보수화된 사람들이 많았다. 고려대 상대 학생회장이었던 이명박은 박정희에게 탄원서를 써서 현대건설에 입사한 뒤 박정희 경제 성장 신화의 주역이 되었다. 이외에도 오늘날 대표적 보수파로 박정희 경제 성장을 높이 평가하는 서청원, 안상수, 안택수, 정형근, 홍사덕 등도 6·3세대였다.

하지만 6·3세대의 고민은 한국 민주주의와 자립경제에 대한 고민으로 이어졌다. 지도부 일부는 이후 박정희 찬양에 나섰지만 훨씬 많은 이들이 한국 민주주의와 인권에 헌신했다. 1965년 시위에 적극 참여했던 서울대 법대생 조영래는 전태일 평전을 쓰고 인권 변호사로 치열하게 살다 1990년 40대의 젊은 나이에 암으

---

65  1967년 7월 동백림(당시 동독의 수도 베를린)을 거점으로 윤이상, 이응노 등 194명의 유학생·교민 등이 대남 공작활동을 폈다고 중앙정보부가 조작 발표한 간첩단 사건.

로 쓰러졌다. 6·3은 그렇게 밤하늘 별처럼 아름다운 한국 청년 문화의 전통을 일으킨 사건으로 우뚝 서 있는 것이다.

# 4. 파병 31만 명, 그리고 씻을 수 없는 후유증

우리에게 베트남전쟁은 무엇이었나

**경제개발** 자금이 필요했던 박정희는 한일 굴욕 협상을 통해 얼마간의 돈을 얻었지만 충분하지 않았다. 그래서 베트남 파병에 나섰다. 연인원 31만 명을 파병하여 5,000여 명의 전사자와 수많은 부상자, 고엽제 후유증 환자를 낳았다. 그리고 여러 양민 학살 사건이 있었다. 철학자 칼 야스퍼스는 2차대전 종전 이후 독일의 전후 청산에 반대하는 일부의 주장에 이렇게 대답했다. "인간은 범죄, 도덕적 죄, 정치적 죄, 형이상학적 죄를 짓는다. 정치적 죄는 그런 정치적 선택을 반복하지 않도록 항상 반성하고 경계하는 것으로 속죄해야 한다."

사진은 베트남으로 파병되는 한국군을 환송하는 장면이다. 베트남에 가서 국군 장병들이 싸우는 동안 우리는 많은 변화를 겪었고, 이후에도 큰 영향을 미쳤다.

1960년대는 아시아 아프리카의 식민지들이 독립해서 3세계를 형성하는 시대였고, 그래서 식민지 문제는 열강의 정치인들을 지옥으로 끌어들이곤 했다. 대표적 나라가 프랑스로서, 알제리 독립운동을 무모하게 탄압하다 좌파가 주도하던 4공화국이 무너지고 우파인 드골이 집권하는 지경에 이르렀다. 이때 무모하게 식민지 문제에 미국이 뛰어들었으니 바로 베트남전쟁이다.

미국의 베트남 참전은 분명 오판과 만용이었다. 당시 베트남은 독립운동을 주도하던 민족좌파 호치민과 독립동맹이 국민의 절대적 지지를 받았고, 과거 프랑스 식민 지배에 협조하던 친프파가 미국에 애처로이 구원의 손길을 보내고 있었다. 이때 미국이 친프파의 세력을 오판하고 뛰어들었고, 이후에도 설마 미국이 지겠는가라는 생각과 군산복합체의 요구에 전쟁을 지속하다 끝내 수렁에 빠진 것이다.

독립동맹이 프랑스와의 독립전쟁에 승리하자 미국이 개입해서 좌파의 북베트남과 우파의 남베트남으로 분단시켰다. 그러자 남베트남의 독립동맹 세력이 북베트남의 지원 속에 독립전쟁을 일으켰다. 하지만 과거 친프파 남베트남 정부는 무능하고 부패했다. 베트남 정치가와 장군들은 미제 무기를 공산당에 팔아먹고 각종 밀수로 치부하며 미국으로 도망갈 궁리만 했다. 베트남전쟁은 내부적으로는 부패한 매국노와 애국자의 싸움, 외부적으로는 베트남 국민과 미국의 싸움이었다.

미국은 전쟁의 정당성에 대한 비판에 직면했다. 이를 만회하기 위해 자유 베트남을 위한 국제적 참전을 계획하였다. 미국은 우방 국들에게 참전을 부탁했지만 어느 나라도 호응하지 않았다. 몇몇 나라가 비전투원을 보내주는 정도였다. 점점 고조되는 반전 여론과 불리해지는 전황 속에 미국이 기대할 것은 오직 한국뿐이었다.

박정희는 이미 1961년부터 베트남 참전 의사를 미국 측에 밝혔다. 쿠데타에 좌익 경력의 박정희는 미국의 인정을 받지 못하고 있어서 참전은 정권안보상 절실했다.[66] 또 하나는 경제개발 자금 때문이었다. 한일 국교 정상화를 오직 경제개발 자금의 관점에서 추진했듯이, 베트남 파병 역시 경제 특수가 주목적이었다. 그래서 베트남 참전 협상 때도 경제개발을 위한 차관 제공과 군 현대화가 우선이었다. 가장 후순위로 밀린 것은 참전군인 대우였다. 한국군 수당은 5달러로 당사국인 베트남 군인보다도 적었다.

미국은 박정희 정권의 안전을 보장하는 대가로 한미일 동맹 강화(한일 국교 정상화)와 베트남 참전을 적극 요구하였다.[67] 1965년 박정

---

66  미국은 국군이 베트남에 있던 1970년대 초반까지 박정희 정권의 절대적 보호자였다. 박정희 독재에 대한 미국의 본격적 비판은 베트남 패망 이후 카터 행정부 때부터였다.

67  여러 역사학자들은 6·3시위로 박정희가 궁지에 몰리자 미국이 계엄을 지지하며 시위 진압을 위한 전투사단 동원을 적극 찬성했다고 한다. 시위 진압용품을 미군이 지원한 것도 유명한 일화이다.

희가 존슨 대통령과 정상회담을 위해 방미했을 때, 존슨 행정부는 워싱턴과 뉴욕에서 유례없이 화려한 카퍼레이드로 환영해서 "존슨 대통령이 박정희에게 아첨한다."는 비아냥까지 나왔다고 한다.

하지만 미국의 환영에는 이유가 있었다. 그들은 한국이 더 많은 전투 병력을 파견해주기를 원했다. 이유는 두 가지였다.

첫째, 미군의 희생을 줄이기 위해서였다. 베트남에는 50만 명 이상의 미군이 주둔해 있었지만 전투 병력은 10% 수준이었다고 한다. 미국 내에서 반전 여론이 심각한 상태에서 미군의 희생을 최소한으로 줄이려면 한국 전투 병력이 필요했다. 이로써 한국은 베트남에 5만 명 이상의 병력을 항상 주둔시켰고, 베트남전쟁 기간 동안 연인원 31만 명의 한국군이 파병되었다.

둘째, 경제적 이유였다. 당시 한국군 1인당 유지 비용은 미군의 절반 이하였다. 베트남 주둔 한국군의 비용을 미국이 부담한다 해도 그들로서는 수십 억 달러의 전쟁 비용이 절감되었다. 실제로 미국이 베트남전쟁에 들인 비용은 1조 110억 달러였는데, 우리가 미국에게 가져온 돈이 10억 달러 수준이었다고 하니, 실제 미국은 매우 저렴한 비용으로 미군 수준의 전투 병력을 운영한 셈이다.

박정희 정권의 의도와 미국의 의도가 절묘하게 결합하여 이루어진 것이 베트남 참전이고, 그로 인하여 우리는 베트남 특수라는 경제 호황을 누렸다. 1인당 국민총생산은 1963년 100달러에서 1966년 130달러, 1968년 150달러, 1971년에는 250달러로 가파르게 상승했다. 많은 회사들이 베트남에 가서 전시산업에 참가해 외화를 벌어들였고, 정부는 경부고속도로와 포항제철을 건립해

1970년대 중화학공업 육성의 기초를 확립하였다.

하지만 아이러니컬하게도, 베트남 특수의 최대 수혜자는 단 한 명의 일본인도 파병하지 않은 일본이었다. 일본은 1960년대 10년 동안 44억 달러를 미국으로부터 벌어들였다. 1965~1970년까지 일본의 GNP 명목성장률은 17.5%로 한국의 2배 가까운 수준이었다. 경제적 이익을 비참전국들이 가져갈 때 우리는 오히려 '미국을 추종하는 나쁜 나라'로 국제적 비난을 한몸에 받았다.

그러나 베트남전쟁의 진정한 문제는 우리 사회 문화에 끼친 영향이었다. 1965년 이후 한국은 매일 전시 분위기에 젖어 있었다. 뉴스에서는 베트남전쟁의 한국군 전과를 보도했고 광장에서는 파월 국군 환송식이 열렸다. 모든 학생들은 파월 국군을 위한 위문품 마련 및 위문편지쓰기에 동원되었고, 연예인들은 본국과 베트남에서 위문 공연을 다녔다. 전방의 군대가 해외로 빠져 나갔기 때문에 북의 남침 위협이 높아져 준전시 상태의 긴장이 연속되었다. 예비군 창설, 교련 강화 등 군사교육과 국가의 병영 체제가 강화되었고, 급기야 일제 강점기 징병을 위해 만든 조선기류령이 부활하여 주민등록증 제도가 만들어지고 〈황국신민서사〉가 부활하여 〈국민교육헌장〉이 공포되었다. 1965년 이후 한국은 1940년대 일제 전시 체제를 그대로 본뜨고 있었던 것이다.[68]

---

68  오제연은 당시 한국의 병영문화를 "고등학교와 대학교에서의 교련교육-주민등록제도에 따른 철저한 감시와 통제-징병제를 통한 강제 군 입대-제대 후 향토예비군을 통한 군 생활의 지속"으로 정리했다. (오제연, 「병영사회와 군사주의 문화」, 『한국 현대 생활문화사 1960년대』, 창비, 2016)

숨 막힐 듯한 전시 분위기는 국민에 대한 억압으로 나타났고 국민들은 이를 베트남전쟁에 나간 형제자매를 위해 순응했다. 1970년대부터 남자들의 병역 기피는 '비국민', '비남성'으로 규정되어 사회범죄화되었다. "남자는 군대 가야 사람 된다."와 "여자들은 군대도 안 가는데⋯⋯."라는 말은 40여 년이 지난 지금까지도 강력한 국가 중심 남성 중심 프레임으로 존재하고 있다.[69]

이런 와중에 정작 베트남전쟁과 참전 군인들은 잊혔다. 5,000여 명의 전사자와 1만 명 이상의 부상자, 그리고 6만 명에 달하는 고엽제 피해자에 대해, 그리고 베트남전쟁에서 한국군이 저질렀던 일도 덩달아 묻히고 있다. 당시 자행된 수많은 양민 학살은 분명 우리가 규명하고 반성하고 사죄해야 할 일이지만 아직 그 일에 대해 정부 차원에서 조사된 일은 거의 없다.[70] 베트남전쟁에서 민간인 학살에 대해 몇 차례 시민단체에서 규명을 시도한 바 있다. 2015년에도 베트남 민간인 학살 피해자 유족들의 증언을 듣는 행사를 갖기도 했다. 그런데 이날 행사장 밖에는 베트남 참전 군인들이 몰려와 행사를 방해하려 했다. 그들은 조국을 위해 자신들이 한 행동을 모독하려 한다고 생각했다. 국가로부터 제대로 관심과 보상을 받지 못한 속에서 응어리진 한을 오직 애국적 행동이라는

---

69  최근 인기 연예인이 군대에 가거나 심지어 해병대 등에 자원입대하는 것을 대대적으로 선전하는 것은 지금도 한국 사회에서 군 입대가 남성성 및 국민성을 의미한다는 것을 웅변한다.

70  미국은 영화 「플래툰」이나 「지옥의 묵시록」 등에서 볼 수 있듯이 많은 조사와 여론화가 이루어졌다. 또 1980년대 남미 내정 간섭, 최근 이라크전쟁에서의 양민 학살과 고문 등에 대해서도 많은 조사가 이루어지고 있다. 이것이 진정한 국격일 것이다.

마음으로 위로받던 이들에게 학살 진상 규명은 아픈 상처를 후비는 일이었으리라.

하지만 베트남전쟁에서 가해자로서의 역사 청산은 반드시 해야만 한다. 야스퍼스가 지적했듯이 역사 청산이 이루어지지 않으면 또 다시 그런 행위를 반복하게 된다. 우리가 2000년대 이후 각종 파병과 관련한 결정을 할 때 아직도 경제 특수 운운하는 것은 베트남 참전 역사 청산이 얼마나 불완전한 것인가를 잘 보여준다.

참전 군인들은 증언을 기피한다. 당연하다. 그들은 그것이 죽어간 전우를 모독하는 일이라고 생각할 것이다. 하지만 우리는 그와 똑같은 논리를 잘 알고 있다. 우리가 일본에 역사 청산을 요구할 때 일본 우파들이 그것을 죽어간 군인들을 모독하는 행위라며 거부한 것 말이다. 일본은 이런 논리로 아직까지 야스쿠니 신사에 합사된 조선인 위패 철수를 거부하고 있다. 역지사지의 관점에서 우리는 교훈을 얻어야 한다. 참전 군인 모독과 전쟁 성격 규명 및 역사 청산을 혼동해서는 안 되는 것이다.

박정희는 베트남전쟁으로 재벌을 키우고 권력을 강화했다. 여기에 반대하는 자들은 '빨갱이'로 몰아 처단했다. 군인들은 '빨갱이'로부터 나라를 구하기 위해 목숨을 걸고 싸웠다. 그리고 그 논리가 반복되면서 그렇게 그들은 스스로 응당한 자신의 애국의 대가를 포기했던 것이다. 베트남 참전 군인들은 영웅이 아니라 애국자이며, 부역자가 아니라 피해자이다. 그리고 진정한 역사 청산이 이루어질 때 그들의 정당한 지위가 비로소 확립될 것이다.

# 5. 삼성, 사카린, 그리고 정경유착

사카린 밀수 사건에 분노한 김두한, 똥물을 끼얹다

**박정희** 정권은 정치자금을 확보하기 위해 삼성과 밀착했다. 그리고 삼성의 사카린 밀수를 눈감아주었다. 야당 국회의원 김두한이 격노해 똥 같은 정권이라며 대정부 질의에 나온 국무총리에게 똥물을 퍼부었다. 정경유착은 군사독재 정권 시절 대표적인 부패의 모습이었다. 훗날 박정희 정권의 실세였던 이후락은 부정축재에 대한 질문에 "떡을 만지다보면 떡고물이 손에 묻을 수도 있다."라고 대답했다.

사진은 1966년 9월 22일 국회 대정부 질의에 나선 김두한 의원이 삼성 사카린 밀수 사건을 비판하며 출석한 국무위원들에게 똥물을 뒤집어씌우는 모습이다. 이 사건으로 김두한은 국회의원에서 제명당하고 중정 지하실로 끌려가 모진 고문을 받았으며 그 후유증으로 1972년 죽었다. 하지만 이로 인해 김두한은 국민의 영웅이 되었고 소설에서 '민족 주먹'으로 그려지며 신화적 인물이 되었다.

'한강의 기적'이라는 1960년대 경제성장은 사실 엄격한 의미에서 왜곡된 것이다. 왜냐하면 몇몇 경제지표만으로 경제성장이라고 주장하기 때문이다. 여기에 이용되는 경제지표들은 수출성장률, GNP성장률 등이다. 예를 들어 고등학교 검인정 교과서에서는 경제성장률 9.6%, 수출 증대(20배)를 가장 중요하게 내세우고 있고, 폐기되긴 했지만 국정교과서 시안(현장검토본)에서는 수출 증가율(연평균 30~40%)을 근거로 제시하였다. 이는 결국 기업의 매출 증가를 경제성장이라고 주장하는 것과 다름없다. 하지만 기업의 매출 증가는 오히려 불경기라는 2000년대가 더 빠르다. 오늘날은 경제성장을 실업률, 실질소득, 행복지수 등으로 다양하게 평가한다.

오늘날의 기준을 1960년대에 적용해 보면 암울한 수치가 많다. 실업률은 20~30%로 만성적인 고용 불안 상태로서 경제활동인구가 1955년 1,000만 명이었는데 1960년대는 내내 800~900만 명 수준이었다. 이 기간 동안의 인구 증가(2,500만 명 → 3,100만 명)와 비교해보면 상당한 문제가 있었음을 알 수 있다. 임금은 최저생계비의 절반만 지급하는 저임금 구조였다. 예를 들어 1970년 5인 가족 최저생계비는 월 2만 9,005원이었지만 실제 지급된 임금은 1만 5,000원~1만 7,000원 정도로 60% 수준이었다. 수출 증가율보다 수입 증가율이 더 높은 만성적 무역 적자 상태였으며, 이를 위한 외채 도입으로 외국에 대한 경제 의존도는 점점 높아졌다. 임금인 상률보다 물가상승률이 더 높아 도시 노동자들은 오도가도 못 하는 신세였다. 당연히 공장 노동자보다 유흥업소 등 경제성장의 수혜자인 고학력 화이트칼라의 소비생활 관련 업소 취업을 선호하였다. 외국인들이 한국, 하면 기생파티를 연상할 정도의 퇴폐적 소비문화 발전은 당연한 결과였다.

그런데 왜 박정희 시대를 우리는 엄청난 경제성장의 시대로 기억할까? 왜 재벌과 거기에 종사하거나 결탁한 고학력 화이트칼라나 인텔리가 아닌 빈곤에 시달렸던 사람들까지도 그렇게 기억할까? 여기서는 그 이유로 세 가지를 제시하고자 한다.

첫째, 이전 시대와의 비교이다. 1960년대는 한국전쟁의 폐허 위에서 경제가 일어났다. 극단적 빈곤이 비교대상이었던 것이다. 1960년 1인당 국민소득이 90달러였는데 1970년에는 220달러로 증가했다. 지금처럼 1인당 GDP가 2만 달러인 시절 130달러 증가는 극히 미미한 것이지만, 당시는 2.5배나 증가한 것이고 기아 사망자가 사라지는 변화였던 것이다. 굶어죽다 살아난 것과, 보리밥 먹다 쌀밥 먹는 것의 차이는 비교할 수 없는 성질의 것이다.[71]

---

71 지금도 많은 노인들이 박정희를 보릿고개로부터 민족을 구해준 지도자로 칭송한다. 하지만 보릿고개는 일제 강점기 쌀 수탈 정책으로 생겨난 일로, 정책의 문제이지 빈곤의 문제가 아니다. 조선시대는 각종 구휼정책으로 춘궁기를 극복했다. "기아의 급함은 보릿고개 이후에 더욱 심하였는데 경기 백성 중에 그래도 살아남은 자가 있는 것은 실로 7,000석의 곡물을 나누어준 데에 힘입은 것입니다." (『현종개수실록』 현종 12년 7월 20일)

둘째, 독재정권의 부정부패 때문에 일확천금의 신화가 많았다. 이미 귀속재산 불하를 통한 재벌의 형성을 이야기했지만, 박정희 시대에도 마찬가지였다. 정부는 한일 국교 정상화나 베트남 참전을 통해 외화를 들여와서 정치자금을 헌납한 기업에게 나누어주었다. 그러면 기업은 그 돈으로 공장을 짓고 물건을 생산해서 수출하는 것이다. 이런 각종 특혜나 부정 속에 일어날 수 있는 일들을 가장 잘 보여주는 것이 장영자 사건이다. 장영자 사건은 1960년대에 시작하는데, 정부가 금융 지원을 특정 기업에게 베푸는 경우가 많아서 일반 기업은 사채시장에서 자금 조달을 할 수밖에 없었다. 또 재벌들은 정부로부터 받은 금융 지원을 기업 발전에 쓰지 않고 부동산 투기나 주식투기에 쏟아부었다. 장영자는 이를 이용해 "투자금 20~30배는 기본으로 벌어들이는 황금기"를 누렸고, 이것이 결국 1980년대 14개월 동안 7,000억 원 규모의 거액의 어음 사기 사건으로 비화된 것이다.

셋째, 이런 국가 주도 경제의 불안정성 때문에 경제 관련 제도들이 허점이 많았고 그래서 돈을 벌 다양한 기회가 있었다. 한마디로 "돈 벌기 좋은 시절"이었던 것이다. 꼭 법을 어기지 않더라도 인건비가 매우 쌌고 인맥이나 학맥 등으로 자금 조달이 가능해서 아이디어만 좋으면 성공할 기회도 많았다. 또 기업이 부도가 나도 고용승계 대책 같은 것이 없어서 기업주가 재기하기도 좋았다. 그런 것들이 이 시절을 산 사람들에게 성장의 시기로 기억될 수 있는 배경이 되었다.

독재정권 시대 국가경제의 최대 걸림돌은 정경유착에 따른 부정부패였다. 박정희 정부는 이미 군정 시절부터 4대 의혹 사건 등 권력형 부정부패가 계속 문제가 되어 "신악이 구악을 뺨칠 정도"라는 비판을 받았다. 그 정점에 있는 사건이 삼성 사카린 밀수 사건이었다.

삼성은 박정희 정권과 결탁하여 한국비료공장을 건설하기로 했으며 그 비용을 일본 미쓰이물산에서 상업차관을 통해 조달하기로 했다. 그런데 다른 나라에서는 2,500만~3,000만 달러 정도 드는 비료공장 건설비가 무려 4,200만 달러로 책정되었다. 그 차액만큼의 정치자금이 오고갔으리라 추측한다. 게다가 미쓰이물산이 차관을 달러가 아니라 현물로 제공하면서 삼성에 리베이트로 100만 달러를 제안했다. 삼성은 이 100만 달러를 사카린 등의 밀수품으로 들여와 암시장에서 거래, 현금화했던 것이다.[72]

이 사건이 폭로되자 정부와 재벌이 결탁한 밀수 사건이라 해서 엄청난 폭풍이 불어닥쳤다. 미쓰이물산의 리베이트 제공 때문에 일본에서 한일간 검은 거래가 정치 이슈화될 정도였으니 한국이 어느 정도였겠는가? 삼성은 이 사건에 대해 시종일관 박정희 정권의 강압에 못 이긴 행동이라며 피해자인 양 행세했다. 또 삼성 소유 「중앙일보」와 TBC 등을 통해 이 사건이 「중앙일보」를 견제하려는 「동아일보」 등 타 언론사가 크게 부풀린 것이라고 여론을 호도했다. 아울러 밀수 역시 이일섭 전 한국비료 상무이사의 개인

---

72 삼성 이병철의 차남 이맹희는 훗날 회고록에서 이병철과 박정희가 100만 달러를 위해 밀수를 공모했는데 실제로는 삼성이 합의되지 않은 것까지 밀수했다고 말했다.

범행이라고 적극 부인했다. 본질을 흐리고 개인의 도덕성과 식민 사관의 당파성론을 활용하는 전형적인 비리 감추기 수법이었다.

하지만 여론이 악화되고 삼성이 정부와 엇박자를 내자 정권은 격노했다. 박정희 대통령은 「중앙일보」 등 삼성 소유 언론사를 분리시키는 한편 삼성을 전방위적으로 압박했다. 삼성 이병철 회장은 처음에는 버텼지만 어차피 태생적으로 정권과 결탁하여 성장한 기업 아니던가? 결국 이병철의 장남 이창희를 구속하고 한비공장은 국가에 헌납하면서 사태가 마무리되었다. 이 무렵 국회에서 김두한 의원이 국민의 공분을 오물 투척으로 토해낸 것이다.[73]

사카린 밀수 사건은 박정희 정부의 정경유착에 따른 부정부패와 그에 따른 기업의 경영 부실과 비도덕성을 만천하에 드러낸 사건이다. 그리고 이런 속에서 국민들이 경제개발 계획에 따라 죽을 둥 살 둥 해서 이룩한 경제성장의 열매는 소수 부유층과 권력자에게 집중되었다. 그것은 심각한 빈부격차와 국민들의 박탈감으로 이어졌다. 「동아일보」는 이를 다음과 같이 폭로했다.

"어떤 집은 응접실에 대형 수족관을 만들어 마치 수중에 들어가 앉은 느낌을 주도록 설계돼 있는가 하면 정원의 대형 연못물을 실내로 끌어들여 분수나 인조폭포를 흐르게 한 집도…… 어느 재산가의 집은 전자감응식 문고리부터 가스가

---

73 개인적으로 그의 딸인 김을동이 공화당을 계승한 자민련과 새누리당 친박계에서 활동한 것을 이해하기 어렵다. 아버지는 일생을 공화당과 박정희에 맞서 싸웠는데 말이다.

든 이중방탄 페어글라스 시설에다 침실은 외부인의 침입 시 침대 자체가 지하차고로 내려가도록 된 특별탈출 장치까지……." (「동아일보」 1979년 2월 23일자)

1980년대 유행한 "우리 집은 가난해서 차 2대가 국산이에요." 식의 자조적 개그가 폭로한 것이 바로 이러한 천민자본주의에 따른 부익부 빈익빈이었다. 자본 축적 과정에서 일어나는 부익부 빈익빈이 아니라 부패와 권력으로 축적된 부익부 빈익빈은 필연적으로 부의 과시로 이어지며 정치적 사회적 갈등을 심화시켰다. 우리는 치열했던 데모의 시대 사회적 갈등이 어디에서 기원했는지 이런 사건과 세태를 통해 이해할 수 있는 것이다.

# 6. 일그러진 '기업인 신화'의 탄생

포항제철과 개발독재

1970년대 박정희 정부는 중화학공업 육성을 목표로 하는 3, 4차 경제개발 5개년 계획을 추진했고, 그 야심찬 출발이 바로 포항제철이었다. 박태준 신화로 유명한 사건이지만, 무리한 중화학공업 추진은 오일 쇼크 및 소비재 산업의 침체와 맞물려 심각한 부작용을 야기했다. 또 중동 건설 붐과 함께 남성 노동자들이 경제 성장의 중심에 서면서 노동운동과 사회 갈등이 새로운 국면을 맞이한다.

사진은 1970년 4월 1일 포항제철 착공식에서 함께한 박태준과 박정희의 모습이다. '포항의 대통령'이라 불리며 숱한 전설을 남긴 박태준은 박정희 경제 성장의 신화적 인물이다. 국가 주도 하에 강력한 리더십에 입각한 박정희식 경제 성장은 숱한 신화와 전설을 낳았다.

중화학공업 육성을 위해 제철소를 지어 철을 자체 생산해야 한다는 것이 박정희의 신념이었다. 그러나 숱한 정경유착과 부정부패 속에서 제철소 건설 공사를 믿고 맡길 사람이 없었다. 만약 제철소를 부실 공사했다가 사고라도 나서 고로의 쇳물이 터져나온다면 화산 폭발만큼의 대형 참사가 일어날 수도 있었다.

그때 박정희가 부른 사람이 박태준이었다. 쿠데타 동지지만 박정희 민정 참여를 비판하고 3선 개헌을 반대하는 등 자기 소신을 밀고 나가는 박태준만이 적임자라 생각한 것이다. 박정희의 간곡한 부탁에 박태준은 포항제철 사장직을 수락하며 공사와 경영에 전권을 달라고 했다. 서울에서는 박정희가 대통령이지만 포항에서는 박태준이 대통령이다, 이런 의미였다. 그래서 삼성의 한국비료 건설 때 같은 정치자금 헌납도 포철만은 제외되었다.[74]

박태준은 포철 공사에 참가한 기업들에게 부실공사를 엄단하겠다고 선언했다. 그러던 어느 날 공사 현장에서 부실 공사가 적발

---

74 이맹희의 증언에 의하면, 어느 회사는 도입한 차관의 20%씩이나 상납했는데 5%는 박정희에게, 15%는 박정희에게 바치는 과정에서 들어간 돈이라고 한다. 박정희는 이 돈으로 많은 이들에게 '금일봉'을 줬는데 집 한 채 값씩 돌아갔다고 한다. (강준만, 『한국 현대사 산책 1960년대』, 인물과 사상사, 2009)

되었다. 이미 기초공사가 80%나 진척된 상황이었다. 박태준은 공사 중인 구조물을 폭파하라고 명령했다.

"큰 문제가 없다는 것이 기술자들의 판단입니다. 또 폭파하고 다시 지으면 공사비가 너무 많이 들어갑니다."

"공사비가 아무리 들어도 부실은 안 돼. 당장 폭파해!"

결국 거의 다 지은 거대한 구조물이 다이너마이트로 폭파되었다. 그의 단호한 의지로 인해 포항제철은 한국 공장 중에서 가장 튼튼하고 결함 없는 건물로 지금까지 건재하며 한국 중화학공업의 튼튼한 기초 역할을 해오고 있다.

박태준이 중화학공업의 기초를 닦은 포항의 전설이라면, 1차 오일쇼크를 넘겨 중화학공업 발전을 이룩한 전설의 주인공은 오원철과 최종환이었다. 4차 중동전쟁이 일어나고 미국의 이스라엘 지원으로 전황이 불리해진 아랍 국가들이 미국 및 친미 국가에 대한 석유 수출 감축을 선언했다. 당시 한국은 사우디아라비아의 미국계 석유회사들로부터 석유를 수입했는데 박정희 대통령은 급히 오원철 경제 제2수석 비서관에게 미국으로 가서 담판을 지으라고 지시했다. 하지만 일본, 남아공 같은 대표적 친미 국가들이 아무리 읍소해도 설득에 애를 먹고 있는 절대 불리한 상황이었다.

오원철은 정반대의 전략을 선택했다. 애걸하느니 강하게 나가자는 것이었다. 그는 미국 걸프 사 경영진 앞에서 호통을 쳤다.

"너희들이 한국전쟁에서 피 흘린 것은 한국을 살리겠다는 것 아닌가? 그런데 한국과 한마디 상의도 없이 석유 공급을 감축한다는 것은 계약위반 아닌가!"

경영진은 처음에 노발대발했지만 의외로 그 전략이 먹혀들어 석유 공급이 재개되었다. 오원철이 급히 귀국하여 보고하니 박정희는 단 두마디를 했다.

"임자, 수고했어. 커피 한잔 하고 가."[75]

석유 수입 재개로 중화학공업 육성은 궤도에 올랐지만 세계적 불경기였고 수출이 어려웠다. 희망은 중동 산유국들의 오일 달러였고, 이때 독일, 일본 등 선진국들의 쟁쟁한 회사들을 물리치고 중동 건설 공사를 따낸 이가 삼환기업 최종환 사장이었다. 삼환의 전설은 워낙 유명한 이야기라 여기서는 생략하지만 이들의 노력이 하마터면 유신 출범 1년 만에 무너질 뻔한 박정희 정권을 구하고 한국 중화학공업을 일으켰다고 해도 과언이 아니다.

기업인 신화는 이후에도 계속 이어진다. 1990년대 기업 신화로는 1996년 공격적 확장으로 뉴코아를 30대 그룹의 반열에 올린 김의철 회장이 있다. "미스터 불도저"라 불릴 정도로 강한 추진력을 가진 일벌레 김의철 회장은 고려대 6·3동지회 소속으로 정말 데모하듯, 전투하듯, 사업을 했다.

> "휴가하고는 담을 쌓았던 뉴코아 김의철 회장이 17년 만에 처음으로 여름휴가를 떠나 화제가 되고 있다.······ 일중독자인 한 동기생이 과로사하자 대학 동기들이 강권한 것"(「경향신문」 1996년 8월 20일자)

---

75  이상 KBS 역사스페셜 198회 '석유확보작전, 사우디왕자를 접대하라'를 재구성.

그의 휴가가 「경향신문」, 「매일경제신문」뿐만 아니라 기업에 비판적인 「한겨레」에까지 실릴 정도로 치열하게 일했다. 1990년대 기업인들의 과로는 전설적이어서 뉴코아 경영진의 잇단 입원이 기사화되기도 했고, 어느 경영인은 비행기 출장이 잦은 김에 아예 비행기에서 자고 낮에 일을 보느라 1년에 절반만 집에서 잔다고 술회하기도 했다.

이러한 숱한 노력들 때문에 보수 전문가들은 한국 경제의 1등 공신을 기업인으로 삼는 경우가 많다. 보수의 시각을 담은 『한국 현대사 이해』(이주영·이동복 등 공저)에서는 이렇게 말하고 있다.

> "자유민주사회의 도래를 앞당기는 원동력이 된 시장경제의 발전 과정을 중요시하게 되었다. 그러다보니 자연스럽게 경제적 성공에 기여한 통치자들과 사회 엘리트의 긍정적 역할을 강조하고, 좌파운동론적 시각의 민중사관을 비판하게 되었다."

하지만 이러한 통치자와 엘리트 중심 경제정책에는 중대한 허점이 존재했다. 대표적으로 정책상의 오류나 과잉 중복 투자였다.[76] 예를 들어, 과연 1970년대에 그토록 무리하게 중화학공업을 추진해야 했는가에 대한 비판이 있다. 1970년대 박정희 정부의 중화학공업 정책 추진 배경에서는 북한의 중화학공업을 하루 빨리 따

---

76 이 점에 대해서는 앞의 책에서도 "정치 체제가 경제적 성과를 결정하는 요인이 아님에도 독재 체제였기 때문에 경제적으로 성공했다는 주장이 득세하며 개발연대의 경제적 성과를 깎아내렸다."라고 하여 어느 정도 인정하고 있다.

라잡아야 한다는 목표도 있었다. 중화학공업은 곧 군수산업이기 때문에 군사력으로 북한을 압도하려면 조속한 중화학공업 발전이 필요했던 것이다. 하지만 이런 조급한 추진은 오일쇼크 같은 세계 정세 변화를 예상치 못하고 추진된 것이었고, 결국 1차 오일쇼크를 어렵게 넘겼지만 2차 오일쇼크는 버티지 못하고 박정희 정권이 붕괴되기에 이르렀다.

과잉 중복 투자도 문제였다. 1970년대 한국에서 승용차를 생산하는 회사는 현대, 기아, 대우 3사였고 이외에 동아자동차(현 쌍용자동차), 아시아자동차(1976년 기아에 흡수) 등이 있었다. 수출만을 생각했기에 목표만 있을 뿐 수요를 생각하지 않고 규모만을 염두에 두고 육성했기 때문에 과잉 투자가 많았고 당연히 공장 가동률이 떨어졌다. 또 중화학공업은 특정 재벌기업들만이 추진할 힘이 있으므로 재벌의 팽창과 그에 따른 경제 의존도도 심화되었다. "대마불사론", 즉 중공업을 소유한 재벌은 절대 망하지 않는다는 말도 여기서 생겨난 것이다.

특정 재벌의 중화학공업 육성을 위해 국가정책과 자금이 몰리다보니 일반 기업들은 여러모로 경영이 어려웠다. 중소기업이 죽으면서 산업간 불균형이나 대기업-중소기업 편차가 지나치게 심화되었다. 자금난에 시달리던 기업이 사채시장에 몰리면서 지하경제가 커지고 장영자 같은 사채시장의 큰손이 경제에 영향을 미치기도 했다.

중화학공업의 비대화는 소비재 산업의 위축을 야기했다. 1980년 정부는 100% 시장 독점 품목이 34개라고 발표했는데(「매일경제

신문」 1980년 7월 2일자) 치약, 합성고무, 이륜차 등이었다. 또 2~3개 회사가 100% 독점하고 있는 품목은 가전제품, 비누, 라면, 설탕, 껌, 커피, 맥주 등 대부분 생필품이었다. 독점 품목이 가장 많은 기업은 럭키(오늘날 LG)와 삼성이었다. 독점은 물가상승의 주범으로 소비 경제를 위축시켰다.[77]

중화학공업은 일반적으로 남성 노동자 중심 산업으로 이해된다. 하지만 한국은 수출을 위한 저임금 유지를 위해 중화학공업 분야에도 여성 노동자를 많이 고용했다. 대표적 분야가 1980년대 여성 노동운동의 산실인 전자산업 분야였다. 남성을 고용하는 자동차, 조선, 철강, 화학 등은 외국의 공해산업 유치나 일본 중고 기계 수입으로 산업재해가 많은 것이 문제였다. 이는 시간이 흐를수록 노사 갈등 요인을 강화하는 것이었다.

결국 개발독재에 따른 중화학공업 육성은 한국 산업 구조 변화와 발전의 기틀을 마련하면서 리더십에 따른 숱한 영웅담을 만들었지만, 시장의 요구에 따른 것이 아니라 정치적 요구에 따르다 보니 시장을 왜곡하고 많은 위험요소를 내포하게 되었다. 이것이 결국 박정희 정권의 붕괴와 1980년대 구조조정 및 노사 갈등의 원인이 된 것이다. 박정희를 죽인 것은 박정희의 중화학공업인 셈이라 할까?

---

77 "서민 가계 외면한 올려놓고나 보자 - 원칙도 정책 노력도 없었다"(「경향신문」 1980년 2월 2일자)

# 7. 사형수와 3선 개헌

박정희 장기독재와 맞서 싸운 김대중의 험난한 정치 역정

**박정희** 장기독재를 저지할 '40대 기수'는 김대중이었다. 그는 박정희 장기독재 음모를 폭로하며 적극적으로 싸웠지만 대선에서 패배하였다. 그리고 가혹한 보복을 받았다. 유신 이후 일본에서 유신반대운동을 벌이다 납치당해 한국으로 돌아왔고 1976년부터 1978년까지 투옥되었다. 그리고 1980년 신군부에 다시 투옥, 사형선고를 받았다. 1971년부터 1987년까지. 그의 삶은 민주주의 탄압의 역사 그 자체였다.

사진은 1971년 대선 당시 김대중 대통령 후보의 유세 장면이다. 이후 반유신투쟁의 지도자로서 정권에 의해 죽음의 위기를 겪었으며, 1980년 신군부에 의해 내란음모사건 수괴로 사형선고를 받고 청주교도소에 투옥되었다가 국제사회 구명운동으로 풀려나 미국으로 망명하였다. 1970년대부터 숱한 탄압과 죽음의 위협을 거치며 한국 민주화운동의 상징으로 남아공의 만델라 같은 국제적 양심수로 주목을 받았으며 미국 민주당 등 서구 진보개혁 세력과 긴밀한 관계를 맺는 거물 정치인으로 성장하였다.

김대중은 전남 하의도라는 섬의 부유한 집안에서 태어났다. 목포로 이주하여 목포공립상업학교를 다녔으며 졸업 후 해운회사에 취직했다. 해방이 오자 건준에 참여했지만 곧 한민당으로 옮겼다. 김대중은 '빨갱이' 소리를 많이 들었지만 사실 반공과 분단에 앞장선 한민당과 그 후신인 민주당에서 정치를 한 사람이다.

1960년대까지 김대중의 정치이력은 평범했다. 1950년대 정치에 뜻을 두고 목포와 강원도 인제 등에서 출마를 거듭했지만 번번이 낙선해서 집안 재산을 탕진했고, 박정희 시대 목포에서 국회의원에 당선되었지만 한일 국교 조건부 찬성 같은 모호한 입장을 반복해서 심지어 '사쿠라(가짜 야당이라는 뜻)'라는 비난을 받기도 했다. 그가 몸담은 민주당 신파 역시 장면이나 박순천 같은 친일파 출신들이 지도부여서인지, 박정희 정권에 대한 타협적 자세로 비난을 많이 받았다. 그래서 김대중의 진면목은 1969년 3선 개헌 이후에야 비로소 드러났다.

민주당은 5·16으로 야당이 된 뒤에도 정신을 차리지 못했다. 구파와 신파의 분열은 1960년대 내내 이어져 분당과 통합을 반복하였으며, 구파는 과거의 보스 중심 계파 중심 정치를 벗어나지 못했고 신파는 타협적 자세로 소수파를 면치 못했다. 전체적으로는 윤보선, 유진산, 김영삼 등의 구파 계열이 야당을 이끌었지만 1963년 대선과 1967년 대선 패배, 한일 국교 정상화, 3선 개헌 저지 실패 등 박정희 독재의 상대로 부족했다. 3선 개헌으로 박정희 장기 독재가 가시화된 상태에서 1971년 대선은 민주주의를 지킬 마지막 기회였다. 그런데 통합 야당인 신민당은 여전히 윤보선, 유진오 같은 노장들이 주도하며 대선 출마를 계획했고 당권은 최대 계파의 보스인 유진산이 장악하고 있었다. 대선 승리를 위해 당내 개혁의 목소리가 높아졌고, 이에 4선 의원 김영삼이 대선 후보 경선 출마를 선언했다. '40대 기수론'이 터져나온 것이다.

당시 국회는 비교적 젊은 편이었다. 7대 국회(1967~1971) 지역 당선자 131명 중 40대 이하는 무려 92명(70%), 6대 국회도 지역 당선자 131명 중 40대 이하가 90명이나 되었다. 2016년 선거를 치른 20대 국회 지역 당선자 253명 중 43명(17%)만이 40대 이하인 것과 비교하면 엄청난 차이다. 거기에 대통령 박정희도 1963년에는 46살, 1967년에는 50살이었다. 그런데 야당 대선 후보는 온통 노인들이니(윤보선 1963년 66살, 1967년 70살, 유진오 1971년 65살) 이런 노쇠함으로 군사독재와 싸워 이길 수 없었다. 젊은 피 중심의 체질 개선이 절실했다. 김영삼이 40대 기수론을 내세우자 유진산 등 당 노장층이 노발대발했다. 입에서 젖비린내 나는 것들이라고 욕을 해댔다.[78] 하지만 40대 기수론에 김대중과 이철승이 가세하여 대세

---

78 "유진산 당수가 기회 있을 때마다 40대 기수론을 가리켜 정치적 미성년이니 구상유취(口尙乳臭)니 하여 견제작용을 선도……." (「경향신문」 1970년 6월 13일자)

가 되자 결국 당 노장층이 한 발 물러서면서 유진오에 이어 유진산마저 대권 도전 포기를 선언하였다. 그리고 1971년 야당 대선 후보는 3명의 40대 기수가 치열하게 경합한 끝에 김대중에게 돌아갔다. 김대중의 시대가 열린 것이다.

1971년 대선은 신민당이 절대 불리했다. 박정희 정부는 당과 정부 조직을 모두 선거에 투입하였다. 여기에 엄청난 선거 자금이 투입되었는데 김종필은 그 액수가 600억 원 정도라고 했다. 600억은 국가예산의 10%에 해당하는 액수이고, 당시 생활고를 비관해 자살한 「동아일보」 박 모 기자의 29만 년치 월급(월급 1만 7,000원)이었다. 여기에 박정희와 정부 고관들은 지역을 돌며 선심성 공약을 남발했고, 일부 정치인들은 김대중이 당선되면 쿠데타가 일어날 것이라고 협박했다. 압권은 지역감정 조장으로, '신라 대통령 만들기', '김대중 당선시 영남 대숙청' 같은 어처구니없는 말이 돌았다.

김대중은 이런 불리함을 정책 선거와 바람몰이로 극복했다. 중정 개편, 예비군 폐지, 대통령 3선 조항 폐지 등 적폐 청산과 의료보험, 지방자치제, 노사공동위 등 참신한 정책들을 주장했다. 또 적극적 지방유세로 바람을 일으켜서 언론의 외면을 극복했다. 이로써 김대중은 서울 유세에 100만 명이 모였다 할 정도로 선풍을 일으켰다.

선거 결과는 95만 표 차이로 박정희의 승리였다. 직접적 원인은 영남 몰표였다. 김대중은 서울에서 이기고 호남에서 70만 표 정도를 이겼지만(득표율 김대중 64 : 박정희 36), 박정희는 영남에서 무려 160

만 표나 이겼다.(득표율 김대중 28 : 박정희 72) 그나마 김영삼의 지지 기반인 부산에서 김대중이 선전해서 그 정도였다. 그러나 실질적 원인은 관권·금권선거에 부정선거였다. 신민당은 개표 조작을 강력하게 제기했다.[79]

1971년 대선으로 박정희가 더 이상 정상적인 선거로는 대통령이 될 수 없음이 명백해졌다. 당시 박정희의 측근들은 공통적으로 박정희가 "선거에 더 이상 돈을 이렇게 쓸 수 없다."고 말했다고 증언했다. 금권선거가 아니면 당선될 수 없는데 돈을 쓰고 싶지 않다면 결국 선거를 없애는 길뿐이었다. 박정희는 계엄을 선포하고 유신헌법을 제정, 대통령 선거를 요식행위로 만들어 장기집권의 길을 확고히 했다.

김대중은 유신 쿠데타 당시 일본에 있었다. 거기서 일본의 진보세력과 미국 민주당 등의 도움을 받으며 유신철폐운동에 나섰다. 그러자 박정희는 중정 요인들을 일본에 파견, 한국으로 납치했다. 처음에는 죽일 생각이었지만 미국의 강력한 저지로 실패했다. 이때부터 박정희는 미국의 간섭에 강한 불만을 표했지만 한계가 있었다. 1972년 한국의 수출에서 미국이 차지하는 비중은 47%, 일본이 22%였다. 수출의 3분의 2를 미일동맹에 의존하는 국가로서 미국과 일본에 자기 목소리를 내는 것은 불가능했다.

이후 김대중은 장준하의 재야와 김영삼의 신민당 사이에 존재

---

79 신민당 의원이자 김영삼 정부에서 내무부 장관을 지낸 최형우는 회고록에서 자기 거주지인 울산 우정동에서 김대중 표가 7표 나왔는데 자기 집안 식구들 표만 해도 12표였고 확인한 표는 100표가 넘었다고 증언했다.

하는 진보적 정치인이 되었다. 가택연금을 당해 아버지 장례식도 가지 못했지만 이른바 동교동계 정치인들의 보스로 김영삼의 상도동계와 손을 잡고 신민당의 유신철폐운동에 앞장섰다. 박정희는 유신 직후 최형우 등 비판적 야당 국회의원들을 중정 지하실로 끌고가 모진 고문을 가했고 나머지 신민당 의원들은 돈으로 회유하였다. 이철승 등 타협파들이 신민당을 장악하고 박정희와 협조체제를 구축했는데 김대중-김영삼이 연합하여 이를 물리치고 당권을 회복하였다. 또 김대중은 재야 지도자들이 주도한 민주회복국민회의에 참가하고 3·1민주구국선언을 주도하는 등 재야운동에도 핵심 역할을 했다. 결국 그는 긴급조치 9호 위반으로 2년 이상 옥살이를 해야 했다.

독재에 반대하는 것이 빨갱이라면 김대중은 악질 중 악질이었다. 박정희 암살 이후 12·12쿠데타로 권력을 장악한 전두환은 김대중 제거를 1차 목표로 하였다. 그것이 김대중 내란음모사건이었다. 김대중은 모진 고문 속에 사형선고를 받고 청주 교도소에서 사형 집행날만 기다리게 되었다. 그러자 세계 진보세력이 김대중 구명운동에 나섰고, 결국 미국 레이건 대통령이 전두환 정권 지지 여부를 김대중과 연관시킴으로써 미국으로 망명할 수 있었다.

1985년 김대중은 2·12총선에서 신민당을 지원하기 위해 귀국했다. 미국은 김대중을 보호하기 위해 하원의원 2명과 대사급 외교관 등 저명인사 20여 명을 동승시켰다. 김대중은 1987년까지 가택연금 상태에서 대통령 직선제 투쟁을 신민당 및 재야와 함께 했다. 그리고 1987년 6월 민주화운동으로 김대중에게 다시 대권 도전의 길이 열렸다.

김대중은 재야 입장에서 동지였다. 그래서 재야는 김대중을 지지했고, 결국 이것이 김영삼과의 후보 단일화를 무산시키고 대선 패배로 이어졌다. 1987년에 이어 1992년에도 연거푸 고배를 마신 김대중은 1997년 대권 도전 네 번째 만에 대통령이 되었다. 그에게는 IMF외환위기라는 국가경제의 절대적 위기 극복이라는 험난한 과제가 놓여 있었다. 그러나 5년 동안 그는 경제 성장과 남북 화해라는 두 마리 토끼를 무난히 잡은 대통령이 되었다.

김대중은 한민당에서 시작한 친일 지주 출신 양반 문화 정당이라는 한국 야당의 한계를 극복한 계기가 되었다. 40대 기수론을 통해 당의 구태를 극복하고 반유신 반독재 투쟁을 통해 민주화 운동가들과 함께 야당의 투쟁성, 민주성, 진보성을 강화시켰다. 1990년대까지 여야 관계를 독재와 민주로 나누던 데서 2000년대 여야 관계가 보수와 진보로 발전한 데 가장 강력한 리더십을 발휘한 사람이 김대중이었다. 그리고 그것은 숱한 죽음의 고비를 넘나드는 험난한 정치역정 속에서 이루어진 것이었다.

# 8. '없는 자' 없어지고 '가진 자' 더 가지다

광주 대단지 사건으로 보는 '부동산 불패' 신화의 그늘

서울의 빈민들이 경기도 광주(오늘날 성남)로 강제이주당했다. 서울 재개발을 위한 일방적 희생 강요였고, 결국 극단적 빈곤 속에 폭동을 일으켰다. 하지만 빈민들의 수난은 이후에도 계속되었다. 서울 재개발은 서울의 아파트를 중심으로 한 부동산 투기와 맞물려 있었다. 강남, 상계, 분당 등 많은 도시의 빈민들이 강제이주당한 곳에 아파트 단지가 들어서고 투기가 극성을 부렸다.

사진은 1971년 8월 10일 일어난 광주 대단지 사건 당시 분노한 군중들이 격렬한 시위를 벌이는 장면이다. 광주 대단지는 지금의 성남시를 말하는데, 1967년부터 서울 철거민의 집단 수용지였다.

광주 대단지 사건은 무책임한 서울 도시 계획의 '사생아'[80]가 일으킨 반란이었다.

"시끄러운 서울이 싫어서 도곡에 땅을 샀는데 갑자기 오르는 거야. 그래서 땅을 팔고 분당에 갔지. 그랬더니 또 오르는 거야. 그래서 평택으로 이사했는데 또 오르네."

"상계동에 살다 철거당해 성남 분당에 갔어요. 또 철거당해 평택에 갔어요. 또 철거한다네요. 이제 어디로 가죠?"

한국 부동산 역사는 또한 빈민들의 철거의 역사이기도 하다.

1966년 서울시장으로 부임한 김현옥은 서울 도시 계획을 추진하면서 수많은 도시 빈민들 문제로 골치를 썩고 있었다. 당시 서울에는 종로에서 청계천까지 빈민들의 판자촌이 즐비했다. 그가 생각해낸 대안은 판자촌을 철거하고 빈민들을 시 외곽에 집단수용하여 그들만의 도시를 만드는 것이었다. 이로써 1969년부터 수

---

80 「경향신문」 1971년 8월 11일자 '도시의 사생아, 광주 단지'

만 명의 철거민들이 광주 대단지로 이주하였는데 그 최초 입주민은 용산역 주변 철거민 3,000여 가구였다.

처음 서울시는 광주 대단지를, 철거민들을 노동력으로 하는 공업단지를 조성하여 독립 경제가 가능한 도시로 육성하겠다고 약속했다. 이주민들에게는 20평의 땅을 평당 200원에 제공하는데 세금과 상환에 여러 혜택을 주겠다고도 했다. 하지만 이 약속은 공약(空約)에 그쳤고, 시간이 흐르면서 부작용이 생겨났다.

서울에 판자촌이 밀집한 이유는 도시 빈민들의 생계수단이 대부분 서울시에 있기 때문이었다. 그래서 판자촌을 철거하면 남산 같은 서울 산간지대로 들어가 '달동네'를 만드는 것이다. 그러니 광주 대단지로의 이주는 곧 실업을 의미했다. 그저 서울시의 약속 하나만 믿고 들어간 것인데 약속이 지켜지지 않자 심각한 문제가 발생할 수밖에 없었다. 생계수단을 잃은 빈민들은 빈곤과 기아에 고통받았는데 심지어 인육을 먹었다는 소문이 돌 정도였다.

그런데 정부는 선거 때마다 광주 대단지 개발에 대한 장밋빛 청사진을 제시했다. 서울에서 철거와 실업의 궁지에 몰린 빈민들이 이 말을 믿고 광주 대단지로 들어갔고, 극도의 빈곤 상태에 몰린 최초 입주자들은 이들에게 무작정 땅을 팔거나 임대했다. 수요가 발생하자 부동산 투기업자들이 개입하면서 점점 거래가 활성화되어 전매로 광주 대단지에 입주한 사람들이 전체 인구의 3분의 1이나 되었다. 서울시는 금지된 전매가 확산되자 전매 입주자의 거주지를 평당 1만 원대의 높은 가격으로 감정하고 취득세 폭탄을 때렸다. 그러자 이 전매 입주자들이 중심이 되어 공약 이행을 요구하며 폭동을 일으킨 것이다.

시위는 강력한 공권력으로 진압되었고 서울시가 전매 입주자들의 요구를 수용하겠다고 발표하면서 수습 국면으로 접어들었다. 이후 광주 대단지는 반월 공단이 조성되면서 발전을 거듭해 오늘날 인구 100만의 성남시로 성장하였다. 하지만 현재 성남시에 최초 입주자들은 몇 명이나 남아 있을까? 광주 대단지 사건은 1960년대부터 불어닥친 서울 도시 개발과 부동산 투기의 광풍 속에 한국의 도시 빈민들이 어떤 운명이 놓였는지 극적으로 보여주는 사례였다.

일제 강점기까지 서울은 인구 70만 정도의 평범한 소비도시였다. 하지만 해방 이후 이북의 월남민들이 들어오면서 인구가 비약적으로 늘어나기 시작했다. 1949년에는 140만 명, 1960년에는 245만 명, 1970년에는 540만 명, 1980년에는 840만 명으로 늘었다. 문제는 서울의 인구 증가가 출산에 따른 자연 증가가 아니라 지방에서 상경한 탓이라는 것이다. 1960년대 서울 인구 증가의 80%가 이주 때문이었다.

서울은 이들을 소화할 직업도, 주택도 충분하지 않았다. 물론 교통도 엉망이었다. 그래서 가능한 도심 가까운 곳에 무허가 판잣집을 짓고 살았다. 정부로서는 이들이 경제성장에 절대적으로 필요한 저임금 노동력이었기에 그대로 방치했다. 종종 야당이 빈민 문제를 들고 나오기는 했지만 1965년까지 서울시장을 맡은 윤치영은 무대책이 상책이라고 주장했다. 그는 서울시를 쾌적한 도시로 만들면 인구 집중이 더욱 심해질 것이라는 이야기까지 했다.

단지 도시 미관을 해치고 범죄 등 사회문제를 일으키기 때문에 종종 정리작업을 했다.

박정희 정부는 이미 5·16 직후부터 무허가 판자촌을 철거하고 주민들을 천막에 수용하곤 했다. 그런데 서울에 점점 관광객들이 몰려오고 국제 행사가 치러지면서 도심의 판자촌이 미관상 문제가 되었다. 이에 대한 여러 가지 에피소드가 있는데, 예를 들어 존슨 대통령 방한 당시 종로의 판자촌이 카메라에 노출되어 국제적 망신을 당한 것 따위였다.

1966년 김현옥이 서울시장으로 취임하여 서울시 도시개발 계획을 추진하면서 본격적인 판자촌 철거가 시작되었다. 종로의 판자촌이 철거되고 세운상가가 들어섰고, 청계천의 판자촌이 철거되고 청계 고가도로가 들어서고, 마포와 서대문 일대 판자촌이 철거되고 시범 아파트가 들어서는 식이었다. 판자촌 하나가 사라질 때마다 서울은 콘크리트 구조물이 들어서면서 화려한 도시의 미관을 갖추어나갔다.

김현옥 시장은 군인 출신답게 어떠한 난관도 돌파하고 고지를 점령하듯 저돌적으로 일을 추진해나갔다. 지금의 서울은 김현옥 작품이라고 해도 과언이 아니었다. 하지만 철거민들이 광주 대단지에서 고통받고 굶주린 것처럼 그의 서울 개발 계획에는 인간과 환경이 부재했다. 도심과 남산을 잇는 소방도로에 세운상가가 세워진 것처럼 안전은 뒷전이었고, 공원 부지였던 명동2가에 제일백화점(2016년 현재 엠플라자)을, 남대문 옆에 빌딩(현재 롯데빌딩)을 지은 것처럼 녹지 공간 하나 만들지 않았다. 결국 와우아파트가 부실시공으로 무너지면서 김현옥은 시장에서 물러났고, 청계고가와 아현고가, 시민아파트는 모두 철거되고 말았다.

도시 계획의 완결판은 강남 개발이었다. '말죽거리 신화'로 유명한 1970년대 강남 개발은 제3한강교(한남대교)와 경부고속도로 건설이 시작된 1960년대 후반부터였다. 정부와 서울시는 강북에 집중된 인구 분산을 위한 영동지구 개발을 시작하였다. 영동은 '영등포의 동쪽 지역'이란 의미로 지금의 강남·서초 지구를 말한다.

사람들은 처음에 강남 이주를 꺼렸다. 광주 대단지처럼 당시 도시 계획은 사람을 고려하지 않았다. 강남에서 강북으로 출퇴근하기 위해 매일같이 만원버스에 시달려야 했고, 강남을 통과하는 2호선은 지옥철로 악명 높았다. 학교, 병원, 약국은 거의 없다시피 했다. 정부는 강남 이주를 위해 여러 노력을 했다. 원래 강북 교통난을 해소하기 위해 설계된 지하철 2호선을 강남 강북 순환으로 바꾸고, 강북 명문 고등학교들을 강남으로 이전, 이른바 '강남 8학군'을 탄생시켰다. 정부 청사 등 주요 관공서를 강남으로 이주시키겠다는 등의 공약을 남발하기도 했다. 하지만 강남 개발의 핵심은 부동산 투기였다.

가수 혜은이의 1970년대 히트곡 '제3한강교'처럼 강남은 일확천금의 기회가 보장된 곳이었다. 1970년대 한국의 실질임금은 2배가 늘어났지만 전국 평균지가는 15배가 올랐고 강남 지가는 무려 200배가 올랐다. 노동자가 평생을 모아야 만질 수 있는 돈을 강남 부동산 투기로 한두 달 안에 벌 수 있는 세상이었다.

정부는 강남 개발의 자원을 마련하기 위해 체비지라는 것을 만들었다. 원소유자의 땅 일부를 수용해서 사회기반 시설을 짓고 일부는 투기꾼들에게 팔았다. 당시 부동산 업자, 기자, 정치인 등의 증언을 종합하면, 강남 부동산 투기에 정부부터 서민까지 모두가 발 벗고 나섰다. 서울시는 사람들을 모아 버스로 강남을 투어시키며 땅값이 얼마나 뛸 것이니 사두면 좋다는 식의 광고를 했다. 심지어 이 투기를 이용하여 중정 등 정부기관이 정치 자금까지 마련했다고 한다. 그러니 강남 부동산 가격이 폭등하지 않을 수 없었던 것이다.

그랬다. 박정희 시대는 정말 돈 벌기 좋은 세상이었다!

문제는 그것이 정당한 노동의 대가가 아니라 투기로 인한 불로소득이라는 점이었다. 1970년대 한국은 노동하고 생산해서 먹고 사는 나라가 아니라 불로소득으로 먹고 사는 나라였다. 그런데 그 불로소득은 어디서 나오는가? 결국 노동의 가치에서 나오는 것 아닌가? 노동자들이 뼈 빠지게 고생해서 만든 생산 가치들이 노동자들의 임금으로 돌아가는 것이 아니라 불로소득을 노리는 투기꾼들의 지갑으로 들어가는 세상이었다. 당연히 GDP니 GNP니 하는 각종 경제지표는 올라가지만 물가는 오르고 임금은 동결되는 암울한 '헬조선'이 펼쳐진 것이다. 그리고 노동이 아닌 투기가 극성을 부리는 사회는 붕괴의 길로 접어드는 것이 역사 발전의 당연한 이치였다. 우리는 이제 박정희 시대 종말의 원인을 서서히 이해하게 되는 것이다.

# 9. "근로기준법을 지켜라!"

1970년대 경제 성장을 일군 여성 노동자들의 열악한 삶과 전태일 열사

1960년대 섬유에서 1970년대 전자까지 한국 수출 산업의 역군은 여성이었다. 그러나 여성은 오직 현모양처 이데올로기 속에서 모든 공을 남성에게 돌렸다.

사진은 텔레비전을 조립하는 여공들의 모습이다. 우리는 종종 1970년대 중화학공업 발전 이후 여성 노동자들이 남성 노동자들에게 자리를 내주고 가정으로 돌아갔다고 생각하지만, 1980년대까지도 한국 여성은 수출의 주력이었다.

"1일 오후 3시 5분경…… 시내버스 안내양 강돌희 양(18)이 차에서 떨어져 뒷바퀴에 치여 그 자리에서 숨졌다. 강 양은 승객 15명을 태우고 문을 채 닫지 않은 채 발차 신호를 하여 운전사 최 씨가 출발, 20여 미터를 달리다 떨어져 변을 당했다.

(「동아일보」 1978년 4월 3일자)

안내양은 위험한 일을 많이 했다. 특히 버스가 시야가 좁을 때, 또는 만원버스일 때 문 밖에 매달려 승객을 보호하고 기사의 운전을 돕고는 했다. 그러다 힘에 부쳐, 또는 갑작스런 충격으로 난간을 놓치면 추락해서 죽거나 중상을 입었던 것이다. 그때마다 언론에서는 안내양을 위한 안전대책을 주장했지만 정부가 내놓은 궁극의 대책은 안내양이라는 직업을 없애는 것이었다. 1984년 11월 정부는 안내양 없는 자율버스제도를 운영, 점진적으로 안내양제도를 폐지하였다. 안내양 안전사고는 물론 1985년 1월 이후 사실상 사라졌다.

1960년대 경제개발을 주도한 산업역군은 여성, 그중에서도 10대 중반~20대 초반의 젊은 여성이었다. 초기 산업화는 섬유공업 등 경공업을 중심으로 한 노동집약적 산업으로 저임금 장시간 노동이 필수적이었고, 여기에 가장 적합한 것이 어린 여성노동자였기 때문이다. 이는 비단 우리뿐만 아니라 초기 산업자본주의 사회에서는 흔한 일이었다.

따라서 경제성장 시기 한국에서 실업자 아버지와 밖에서 돈 벌어오는 어머니, 또는 누이의 모습은 흔한 일이었다. 1960년대 초기 한국의 수출 주력 품목인 가발이나 의류 공장은 많은 젊은 여성들의 저임금 장시간 노동으로 지탱할 수 있었다. 수출이 호조일수록 노동에 대한 수요가 높아서 여성들의 취업이 용이했다. 그래서 누이가 공장에 나가 돈을 벌어오면 아들이 그 돈으로 공부해서 대학을 가 좋은 회사에 취직하고, 그러면 누이는 직장을 그만두고 결혼을 하는 것이 당시 코스였다. 이 속에서 한국의 가부장제 문화는 농업 사회에 비해 더욱 권위적이고 수직적이 된다.[81]

그렇다면 여성 노동자의 수요가 많을수록 임금을 올려주고 작업 환경을 개선해야 하지 않았을까? 두 가지 측면에서 문제가 있었다. 하나는 저곡가 정책이다. 박정희 정부의 저곡가 정책으로 농촌 경제가 파탄 나면서 수많은 농촌의 젊은 여성들이 도시로 몰려왔다. 1960년 1차 산업 종사자는 전체 인구의 65% 수준이었으나 1970년에는 50%, 1980년에는 40%대까지 줄어들었다. 해마다 50만 명 이상의 인구가 도시로 상경했는데, 이들 때문에 수요

---

81  1970년대 초반까지 한국 취업자 수에서 여성이 차지하는 비율은 30% 수준이었다. 30대 이상 여성의 고용이 일정 부분 허용되는 2016년 현재 전체 취업자에서 여성이 차지하는 비율이 41.5%(통계청)라는 점을 감안하면, 여성 노동력이 얼마나 큰 비중을 차지했는지 짐작할 수 있다.

증가에도 불구하고 저임금 여성 노동력은 항상 공급 과잉이었다.

또 하나는 강력한 가부장제 문화였다. 남자를 위해 희생하는 어머니와 누이의 상이 강조되었는데, 이때 정부가 대표적으로 활용한 인물이 신사임당과 유관순으로, 우리에게 두 인물이 익숙해진 것은 바로 이 시기였다. 영화에서도 가부장제는 강조되었는데, 예를 들어 1967년 정부가 경제 성장의 치적을 홍보하기 위해 당대 스타들을 총동원해 만든 영화 「팔도강산」은 남편을 잘 보살펴서 산업 역군으로 성실히 일하도록 하며 효도를 다하는 여성들의 이야기가 중심을 차지하고 있다.

이 속에서 산업화를 위해 일한 여성 이야기는 오늘날까지도 잘 다루어지지 않고 있다. 2014년 영화 「국제시장」 역시 그런 점에서 많은 비판을 받았다. 주인공 황정민(윤덕수 역)의 아내 김윤진(오영자 역)은 서독에서 간호사로 일하다 안사람으로 들어앉은 뒤 남편바라기의 수동적 여성으로 그려지고, 여동생 김슬기(윤끝순 역)는 허영에 차 황정민을 베트남까지 가도록 만든다. 이 영화에서 젊은 여성들은 남자만 바라보는 무기력하고 허영에 가득한 인물로 그려진다.

경제 성장 주역으로서의 여성에 대한 사회적 관심은 한 청년의 투쟁으로 시작되었다. 바로 1970년 11월 13일 있었던 전태일의 분신이었다. 서울 동대문 평화시장의 재단사였던 전태일은 수명을 단축해가며 중노동에 시달리던 의류산업 여성 노동자들의 삶에 주목하였다. 당시 여성 노동자들은 오늘날 여중생의 나이에 학업을 포기하고 공장에 취업하여 지옥 같은 환경에서 살인적인 장시간 노동을 강요당했다. 하지만 그녀들에게 주어지는 임금은 생계를 잇기에도 빠듯한 수준이었다. 많은 여성 노동자들이 오염된 공기를 마시며 중노동에 시달리다 영양실조로 인한 폐결핵과 폐렴에 걸렸다. 하지만 병에 걸리면 즉각 해고당하기 때문에 대부분 병을 숨겨서 치료 시기를 놓쳐 결국 죽고 말았다.

처음 전태일은 여성 노동자들을 보호할 제도나 장치를 갈망했다. 하지만 당시 한국에는 근로기준법이라는 것이 있었고, 이 법에 의하면 여성 노동자들은 충분히 보호받을 수 있었다. 전태일은 법에 호소하기로 마음먹고 관계 기관에 진정을 넣었다. 열악한 평화시장의 현실을 고발하고 불법을 저지르는 사업주를 처벌하고 어린 여공들이 법의 보호를 받게 해달라는 내용이었다. 그러나 돌아온 대답은 회유와 협박이었다. 법 위에 돈이 있었다.

마침내 1970년 11월 13일 전태일은 "근로기준법을 준수하라!"라는, 아주 당연한 말을 외치며 분신했다. 그리고 '법을 지켜라', '법대로 하자'는 당연한 말을 하기 위해 목숨까지 내놓아야 했던 현실에 모든 이들이 경악했다. 특히 가장 충격을 받은 이들은 목사들이었다. 가장 높은 도덕으로 가장 고통스러운 이들을 위해 헌신해야 하는 목사들은 자신들의 무관심과 무지에 참담함을 느꼈다. 1971년 도시산업선교연합회가 만들어졌으며 정진동, 인명진, 안광수 목사 등이 지도부를 맡았다. 또 손학규, 김문수 등 지금도 맹활약하는 유명 정치인들이 이 단체에서 활동했다.

1970년대는 일방적으로 희생을 강요당하던 여성 노동자들의 인권을 둘러싼 투쟁의 시기였다. 하지만 학력이 부족한데다 가부

장제 하에서 일방적으로 희생을 강요당하는 여성들의 투쟁은 어려운 일이었다. 오히려 「영자의 전성시대」(1975)같이 결국 노동자에서 창녀로 전락하는 영화가 히트를 치기도 했다.

이 시기를 대표하는 여성 노동자들의 투쟁이 바로 동일방직 노조 투쟁이다. 이 투쟁에서 우리는 두 가지 상징적 사건을 만날 수 있다. 첫째가 유명한 동일방직 똥물 세례 사건이다. 1978년 2월 21일, 남성 노동자들이 여성 노조원들에게 똥물을 퍼부었다. 여성 노조원들이 도망치자 쫓아가며 똥물을 끼얹었고, 화장실 문을 잠가 씻지도 못하게 했다. 다른 하나는 CBS 난입사건이다. 똥물 테러를 당해도 언론에 기사 한 줄 나가지 않자 노조원들이 CBS 방송국에 난입했다. 노조원들이 "우리는 똥을 먹고 살 수 없다!"라고 절규하며 아나운서 부스까지 밀고 들어가자 안에서 이런 소리가 터져 나왔다.

"무식한 것들이 여기가 어디라고……."

동일방직은 1,300여 명의 노동자가 근무하는 회사였다. 1,000여 명이 여성 노동자들이었고 남자 노동자들은 300여 명이었다. 회사는 가장이라는 이유로 남자 노동자들에게 더 좋은 환경과 임금을 제공했고, 노조도 남성 노동자들 중심으로 구성했다. 저임금과 고통스러운 작업 환경에 여성 노동자들은 노조에 가입했지만 곧 탈퇴 협박에 시달렸다. 결국 이들은 도시산업선교회의 도움을 받아 노조 개혁에 나섰다. 다수인 여성의 노조 장악을 두려워한 소수의 남성 노동자들이 노조 대의원 선거가 다가오자 똥물 테러를 저질렀다. 한 남성 노동자의 증언에 의하면, 여자들이 노조를 장악하면 월급도 깎이고 회사 망해서 처자식 다 굶겨 죽일 것이라는 말을 들었다고 한다.

또 하나는 학력에 대한 사회적 멸시였다. 당시 동일방직 사건의 지도자였던 김지선[82]도 중졸 학력이었다. 많은 여성 노동자들이 중졸 수준의 학력이었고 이에 대한 사회적 멸시가 대단했다. 학벌, 학력 중심 사회에서 저학력 여성 노동자들은 항상 순종하고 인내할 것을 강요받았다. 그래서 CBS에 난입했을 때도 똥물 테러를 보도하지 않은 언론을 비난하기 전에 무식한 여자들의 언론 자유 침해라는 비난이 앞섰던 것이다.

1960년대 가발 수출에서 시작한 한국의 수출 중심 경제 성장 정책은 여성 노동자들의 헌신을 토대로 이루어졌다. 그러나 희생에 대한 대가는커녕 '공순이'라는 사회적 멸시와 폭력만 가해졌고, 1987년 이후 중화학공업 남성 노동자들 중심으로 노동운동이 전개되면서 서서히 잊혀갔다. 그렇게 우리 경제 성장의 주역들은 역사에서 사라졌다.

1918년 1차대전 당시 군수공장은 여성들의 몫이었다. 총력전의 시대 전쟁은 여성 노동자가 아니고는 치를 수 없는 거사였다. 그렇기에 1920년대 미국을 중심으로 급속히 여권이 상승해서 서양의 많은 나라가 여성 참정권을 인정하였다. 2차대전 종전 이후 패전 독일의 경제 재건도 단발의 여성 노동자들 몫이었다. 그리고

---

82 정의당 대표를 지낸 진보 정치인 노회찬의 부인이기도 하다. 후에 검정고시를 거쳐 방송통신대학을 졸업했다고 한다. 프로필에는 최종 학력이 방통대 졸업으로 되어 있다.

1960년대 유럽은 여권의 시대로 나아갔으며 이제 여성 총리, 여성 국방장관도 낯설지 않게 되었다.

선진국의 페미니즘은 문명의 발달에 따라 주어진 것이 아니라 그들의 역할에 대한 정당한 평가와 대가였다. 그들이 없으면 경제도 안보도 불가능하기에 합당한 지위와 역할을 부여한 것이다. 미국의 여성학자 낸시 프레이저는 페미니즘 논쟁의 역사를 정리하면서 유럽 사회민주주의 사회의 부권 복지주의[83] 속에서 여성이 어떤 문제를 안게 되었는가를 이야기했다. 아무리 국가의 복지와 분배가 발전한다 해도 여성의 문제가 저절로 해결되지는 않는 것이다.

21세기 한국의 젠더 문제가 해결되지 않는 이유는 경제 성장의 시대 여성 노동자들의 역할이 정당한 평가를 받지 못하고 있기 때문이다. 한국 경제 성장을 바라보는 가부장제 시각을 극복하지 않는 한, 한국 젠더 문제 논쟁은 "발전한 만큼의 발전"이라는 단계론적 사고를 벗어나지 못하면서 해결책을 찾지 못할 것이다. 그만큼 우리에게 1960~1970년대 여성 노동자들은 중요하다

---

83 투박하게 정리하면, 남성 가장 중심 핵가족 제도를 토대로 하는 분배와 복지제도라고 정리할 수 있을 것 같다.

# 참고문헌

6·3동지회, 『6·3학생운동사』, 역사비평사, 1988.

강준만, 『한국현대사 산책 40년대~70년대』, 인물과사상사, 2002.

강창일 외, 『일본사 101장면』, 가람기획, 1988.

고상만, 『중정이 기록한 장준하』, 오마이북, 2015.

고지훈, 『현대사 인물들의 재구성』, 앨피, 2005.

곤도 시로스케, 『대한제국 황실 비사』, 이언숙 옮김, 이마고, 2007.

공임순, 『스캔들과 반공국가주의』, 앨피, 2010.

국사편찬위원회, 『한국사』, 국사편찬위원회, 2013.

김경일 외 『한국 근대 여성 63인의 초상』, 한국학중앙연구원 출판부, 2015.

김경재, 『혁명과 우상 : 김형욱 회고록』, 인물과사상사, 2009.

김성보 외, 『한국 현대 생활문화사』, 창비, 2016.

김성칠, 『역사 앞에서』, 창비, 1997.

김연철 외, 『만약에 한국사』, 페이퍼로드, 2011.

김은신, 『한국 최초 101장면』, 가람기획, 1998.

김충식, 『남산의 부장들』, 메디치미디어, 2012.

대한민국임시정부기념사업회, 『사진으로 보는 대한민국 임시정부 1919-1945』, 지성사, 2016.

마이클 샌델, 『정의란 무엇인가』, 김명철 옮김, 와이즈베리, 2014.

박용옥, 『여성운동』, 독립기념관 한국독립운동사연구소, 2009.

박재석 외, 『연합함대 그 출범에서 침몰까지』, 가람기획, 2005.

박지향 외, 『해방전후사의 재인식』, 책세상, 2006.

반민족문제연구소, 『청산하지 못한 역사』, 청년사, 1994.

서중석, 『사진과 그림으로 보는 한국 현대사』, 웅진지식하우스, 2006.

손정목, 『서울 도시 계획 이야기』, 한울, 2009.

신기수, 『한일병합사 1875-1945』, 눈빛, 2009.

신용하, 『신채호의 사회사상연구』, 한길사, 1991.

신채호, 『신채호 역사논설집』, 현대실학사, 1995.

신채호, 『조선상고사』, 형설출판사, 1994.

아사오 나오히로 외, 『새로 쓴 일본사』, 이계황 등 옮김, 창비, 2003.

안동일, 『10·26은 아직도 살아 있다』, 랜덤하우스코리아, 2006.

요네쿠보 아케미, 『천황의 하루』, 정순분 옮김, 김영사, 2012.

요시다 세이지, 『나는 조선 사람을 이렇게 잡아갔다』, 현대사연구실 옮김, 청계연구소, 1989.

이봉구, 『명동백작』, 일빛, 2004.

이영미, 『한국대중가요사』, 민속원, 2006.

이영철, 『시민을 위한 사료 한국 근현대사』, 법영사, 2002.

이유나, 『문익환의 삶과 분단극복』, 선인, 2014.

이주영 외, 『한국 현대사 이해』, 케이디북스, 2007.

이철, 『경성을 뒤흔든 11가지 연애사건』, 다산북스, 2008.

이하나, 『'대한민국' 재건의 시대』, 푸른역사, 2013.

이홍직, 『국사대사전』, 백만사, 1973.

일본사학회, 『아틀라스 일본사』, 사계절, 2014.

일본역사교육자협의회, 『천황제 50문 50답』, 김현숙 옮김, 혜안, 2001.

임중빈, 『단재 신채호 그 생애와 사상』, 명지사, 1996.

전경옥 외, 『한국 근현대 여성사』, 모티브북, 2011.

정운현, 『조선의 딸 총을 들다』, 인문서원, 2016.

정재정 외, 『서울 근현대 역사기행』, 혜안, 1998.

조갑제, 『박정희의 결정적 순간들』, 기파랑, 2009.

조정래, 『아리랑』, 해냄, 2007.

조정래, 『태백산맥』, 해냄, 2007.

조정래, 『한강』, 해냄, 2002.

존 홀, 『일본사』, 박영재 옮김, 역민사, 1986.

신현덕 책임편집, 『학생백과대사전』, 중앙문화사, 1977.

참여사회연구소, 『다시 대한민국을 묻는다』, 한울, 2008.

카를 야스퍼스, 『죄의 문제』, 이재승 옮김, 앨피, 2014.

한국교원대학교 역사교육과, 『아틀라스 한국사』, 사계절, 2014.

한국사 교과서 및 국정 교과서 검토본

한국사진기자협회, 『한국의 보도사진』, 눈빛, 2013.

이만열, 『한국사 연표』, 역민사, 1996.

한국정신문화연구원, 『한국민족문화대백과사전』, 웅진출판, 1995.

한배달, 「계간 한배달」 33호, 한배달, 1996.

한중일 3국 공동역사편찬위원회, 『미래를 여는 역사』, 한겨레출판, 2005.

한홍구, 『대한민국사』, 한겨레출판, 2009.

홍인근, 『이봉창 평전』, 나남, 2002.

힐디 강, 『검은 우산 아래에서』, 김진옥·정선태 옮김, 산처럼, 2011.

# 한 컷 한국 현대사

초판 1쇄 펴낸 날  2018. 1. 22.

지은이      표학렬
발행인      양진호
책임편집    위정훈
디자인      김민정
발행처      도서출판 인문서원

등 록      2013년 5월 21일(제2014-000039호)
주 소      (121-893) 서울시 마포구 양화로 56 동양한강트레벨 718호
전 화      (02) 338-5951~2
팩 스      (02) 338-5953
이메일      inmunbook@hanmail.net

ISBN      979-11-86542-44-6 (03910)

이 도서의 국립중앙도서관 출판예정도서목록(CIP)은 서지정보유통지원시스템
홈페이지(http://seoji.nl.go.kr)와 국가자료공동목록시스템(http://www.nl.go.kr
/kolisnet)에서 이용하실 수 있습니다. (CIP제어번호: CIP2017032696)